本研究成果受到国家自然科学基金项目（编号：71
基金项目（编号：2018JJ2185）资助

不同视角下
创业导向对创业绩效的作用机理

易朝辉 著

THE MECHANISM OF ENTREPRENEURIAL ORIENTATION ON ENTREPRENEURIAL
PERFORMANCE FROM DIFFERENT PERSPECTIVES

经济管理出版社
ECONOMY & MANAGEMENT PUBLISHING HOUSE

图书在版编目（CIP）数据

不同视角下创业导向对创业绩效的作用机理/易朝辉著.—北京：经济管理出版社，2019.8

ISBN 978-7-5096-6666-1

Ⅰ.①不… Ⅱ.①易… Ⅲ.①企业绩效—研究 Ⅳ.①F272.5

中国版本图书馆 CIP 数据核字（2019）第 122937 号

组稿编辑：郭丽娟
责任编辑：亢文琴　郭丽娟
责任印制：黄章平
责任校对：陈晓霞

出版发行：经济管理出版社
　　　　　（北京市海淀区北蜂窝 8 号中雅大厦 A 座 11 层　100038）
网　　址：www.E-mp.com.cn
电　　话：（010）51915602
印　　刷：北京玺诚印务有限公司
经　　销：新华书店
开　　本：720mm×1000mm/16
印　　张：11.75
字　　数：157 千字
版　　次：2019 年 8 月第 1 版　2019 年 8 月第 1 次印刷
书　　号：ISBN 978-7-5096-6666-1
定　　价：59.00 元

·版权所有　翻印必究·

凡购本社图书，如有印装错误，由本社读者服务部负责调换。
联系地址：北京阜外月坛北小街 2 号
电话：（010）68022974　邮编：100836

前　言

尽管新创企业特别是高新技术企业被认为在扩大就业、创造新的市场能力、促进技术创新、直接促进高新技术产业化和促进地区经济增长以及增进社会福利等方面具有重要作用，但是我国新创企业特别是高新技术企业成长状况并不理想。其主要原因在于：一方面新创企业自身缺乏相应的关键资源；另一方面新创企业面临更加复杂、动态的不确定性环境，从而带来企业成长的路径依赖、技术制度环境障碍以及管理危机（加大了创业者信息处理的难度，减少企业计划活动，使创业者产生很大的压力和焦虑），进而增加了新创企业从外部获取资源的难度。因此，新创企业的创新和可持续发展遇到了严重的挑战。

从目前的研究来看，作为新创企业战略取向的重要变量，创业导向被认为是衡量新创企业组织过程中有效性的最主要方式。由此，创业导向与新创企业绩效关系的研究兴趣不断高涨，日益受到学术界和企业界的普遍重视，这主要源于在动态的竞争环境下，创业导向能支持创新行为，促使创业行为的产生，成为不同类型的企业获得优异绩效的有效选择。然而，从国内外文献来看，基于新创企业的创业导向—绩效关系并非简单的线性关系，它们之间受到众多调节变量和中介变量的影响，所以，如果沿用这条思路，本书可能难以得出更有价值的结论。另外，在以往的研究中，还特别强调创业导向的影响因素或前提条件，譬如，外部环境、组织特征、企业资源与能力，以及企业家创业特质等。尽管这些研究还不够系统，但却为本书提供了一条新的思路和启示。基于此，本书转变思路，将创业导向作为一种中介变量来探讨其对创业绩效的影响关系，以进一步揭示不同视角下创业导向促进创业绩效提高的作用机理。

本书计划达成的目标是，以不同类型的新创企业（包括大学衍生企业、风险企业）为研究对象，实证检验不同视角下创业导向对创业绩效的作用效应，以重构创业导向—创业绩效关系的经典模型，进一步探讨资源整合能力、网络嵌入、组织创业氛围、创业者资源支持、创业者动机、信任利用方式在促进新创企业成长过程中所扮演的角色，以更深入揭示新创企业资源环境的动态演进如何驱动其快速成长。这不仅有利于新创企业创业者提升整合资源的能力、网络构建能力，营造良好的创业氛围，实现创业资源与企业成长的动态匹配，还有助于为政府推进新创企业特别是高新技术企业成长提供制度上、法律上以及政策上的支持依据。

本书以不同类型的新创企业为样本，采用结构方程模型、验证性因子分析和探索性因子分析等方法实证检验了相关理论假设，并得出了相应的结论。

本书的创新点主要体现在两个方面：第一，在回顾现有文献的基础上，通过比较国内外相关文献，并结合企业资源观理论、社会网络理论以及相关创业理论，构建了创业导向的影响因素模型。本书以不同类型的新创企业为研究对象，实证检验不同视角下创业导向对新创企业成长的贡献程度。具体来说，本书尝试探讨资源整合能力、网络嵌入、组织创业氛围、创业者资源支持、创业者动机、信任利用方式、创业导向对创业绩效的影响,这有利于进一步丰富企业资源理论和创业理论,并为实践的创业活动提供战略指导。第二,重构创业导向与创业绩效关系的经典模型。本书转变思路,试图将资源整合能力、网络嵌入、组织创业氛围、创业者资源支持、创业者动机、信任利用方式和创业导向之间建立联系,分析引入创业导向的中介效应以后,这些变量如何影响创业绩效,有助于进一步丰富关于创业导向与创业绩效的关系研究。

目 录

第一章　绪论 ··· 1
　第一节　问题的提出以及研究意义 ·································· 1
　　一、问题的提出 ··· 1
　　二、理论与实践意义 ··· 5
　第二节　研究内容、研究方法与创新点 ························· 7
　　一、研究目标与内容 ··· 7
　　二、研究方法 ·· 9
　　三、研究创新点 ··· 10
　第三节　技术路线与基本结构 ·· 11

第二章　文献综述 ··· 15
　第一节　理论基础 ··· 15
　　一、企业资源观 ··· 15
　　二、社会网络理论 ··· 17
　　三、资源依赖理论 ··· 19
　　四、创业认知理论 ··· 20
　　五、期望理论 ·· 21
　第二节　创业导向与创业绩效的关系研究 ···················· 23

一、作为自变量的创业导向与创业绩效关系研究 …………… 23
二、作为中介变量的创业导向与创业绩效关系研究 …………… 27
第三节 小结 …………………………………………………… 42

第三章 模型构建与假设推导 …………………………………… 45
第一节 相关概念与模型探讨 …………………………………… 45
一、基本概念 ………………………………………………… 46
二、不同类型企业的模型构建：不同视角 ……………………… 61
第二节 理论推导与假设提出 …………………………………… 69
一、资源整合、创业导向与创业绩效关系假设 ……………… 69
二、网络嵌入、创业导向与新创企业创业绩效关系假设 ……… 71
三、组织创业氛围、创业导向与风险企业创业绩效关系假设 …………………………………………………………… 75
四、学术型创业者动机、创业导向与创业绩效关系假设 ……… 78
五、学术型创业者资源支持、创业导向与创业绩效关系假设 …………………………………………………………… 80
六、信任利用方式、创业导向与风险企业创业绩效关系假设 …………………………………………………………… 84

第四章 研究设计与方法 …………………………………………… 87
第一节 问卷设计过程 …………………………………………… 87
第二节 变量测量 ………………………………………………… 89
一、自变量测量 ……………………………………………… 89
二、中介变量测量：创业导向 ………………………………… 92
三、因变量测量：创业绩效 …………………………………… 93
四、控制变量测量 …………………………………………… 94

第三节 数据获取 ····· 95
一、选样 ····· 95
二、数据收集 ····· 96
三、统计分析方法 ····· 101

第五章 数据分析与结果讨论 ····· 105
第一节 测量的信度与效度评估 ····· 105
一、新创企业：信度与效度测量 ····· 107
二、大学衍生企业：信度与效度测量 ····· 114
三、风险企业：信度与效度测量 ····· 118
第二节 结果与讨论 ····· 121
一、新创企业关系模型分析结果 ····· 121
二、大学衍生企业关系模型分析结果 ····· 127
三、风险企业关系模型分析结果 ····· 129

第六章 结论与展望 ····· 131
第一节 研究结论 ····· 131
一、创业导向与新创企业绩效关系：资源整合能力视角 ····· 131
二、创业导向与新创企业绩效关系：网络嵌入视角 ····· 132
三、创业导向与新创企业绩效关系：组织创业氛围视角 ····· 134
四、创业导向与衍生企业绩效关系：学术型创业者动机视角 ····· 136
五、创业导向与衍生企业绩效关系：学术型创业者资源支持视角 ····· 137
六、创业导向与风险企业绩效关系：信任利用方式视角 ····· 138
第二节 理论贡献与实践启示 ····· 140

一、理论贡献 …………………………………………………… 140
　　二、实践启示 …………………………………………………… 143
　第三节　研究不足与后续研究建议 ……………………………… 145
　　一、研究不足 …………………………………………………… 145
　　二、后续研究建议 ……………………………………………… 146

参考文献 …………………………………………………………… 149

第一章 绪论

自20世纪80年代以来，新创企业特别是高新技术企业成为经济和社会发展的强大推动力，成为国民经济新的增长点和综合国力的主要战略力量，对促进产业结构调整、推动经济增长方式转变起到了重要作用，也对世界经济和社会发展乃至国际战略格局都产生了深远的影响。因此，新创企业可持续成长在企业界、学术界以及政府部门都得到了极大的关注和重视。作为全书的起点，本章提出了所探索的研究问题并探讨了其理论与实践意义，在此基础上，进一步介绍了本书的内容与方法，最后概括了本书的基本结构与技术路线。

第一节 问题的提出以及研究意义

一、问题的提出

尽管新创企业特别是高新技术企业被认为在扩大就业、创造新的市场能力、促进技术创新、直接促进高新技术产业化、促进地区经济增长以及增进社会福利等方面具有重要的作用，但是我国新创企业特别是高新技术企业成长状况并不理想。其主要原因在于：一方面企业自身缺乏相应的关键资源；另一方面企业面临更加复杂、动态的不确定性环境，从而带来企业成长的路径依赖（Shane，2001）、技术制度环境障碍（Collins，2003；Lee and Peterson，2000；Ahlstrom and Bruton，2002）以及管理危机（譬如，不确定环境加大了创业者信息处理的难度，减少企业计划活动，使创业者产生很大的压力和焦虑）（Stevenson and Lundstromsanders，2001），不确定性环境进一步增加了新创企业从外部获取资源的难度。因此，新创企业的创新和可持续发展遇到了严重的挑战（Bruce et al.，2006）。

但从目前的研究来看，作为新创企业战略取向的重要变量，创业导向被认为是衡量新创企业组织过程中有效性的最主要方式（Lumpkin and Dess，1996）。由此，创业导向与新创企业绩效关系的研究兴趣不断高涨，日益受到学术界和企业界的普遍重视，这主要源于在动态的竞争环境下，创业导向能支持创新行为，促使创业行为的产生，成为不同类型的企业获得优异绩效的有效选择（Zahra，2001）。然而，从国内外文献来看，基于新创企业的创业导向—绩效关系并非简单的线性关系，它们之间受到众多调节变量和中介变量的影响（Lumpkin and Dess，1996；Rauch et al.，2009），所以如果沿用这条思路，本书可能得不出更有价值的结论。另外，在以往的研究中，还特别强调创业导向的影响因素或前提条件，譬如外部环境（Ireland and Kuratko，2003；Zahra，1995）、组织特征（Covin and Slevin，1991；Lumpkin，1996；Aldrich and Wiedenmayer，1993）、企业资源与能力（杨庆山，2002）①以及企业家创业特质（Mcgrath and Macmillan，1992）② 等。尽管这些研究还不够系统，但却为本书提供了一条

---

① 王重鸣，夏霖，阳浙江. 基于战略视角的创业导向研究 [J]. 技术经济，2006（8）：1-7.
② 刘磊磊，周亚庆，陈学光. 公司创业导向前提及对组织绩效影响机制 [J]. 技术经济，2007（5）：42-45.

新的思路和启示。基于此，本书转变思路，将创业导向作为一种中介变量来探讨其对创业绩效的影响关系，以进一步揭示不同视角下创业导向促进创业绩效提高的作用机理。

企业资源观和资源依赖观认为，环境不确定性在于资源的不确定性，这意味着新创企业的创业导向需要得到相应资源（技能、技术、资金）的支持以及合理的资源配置和有力的执行。迄今为止，基于资源视角的研究相对较少而且很不系统，其代表人物主要有 Brush 等（2001）和 Simon 等（2007）。不难看出，创业资源的代表性研究出现的时间较晚，对新创企业的资源整合过程关注则更少（马鸿佳，2008）。作为技术型新创企业的重要组成部分，大学衍生企业的创业者动机直接影响一个企业的成功与否，但现有的文献也很少关注（Audretsch and Kayalar-Erdem，2004；Robichaud et al.，2001）。

由于新创企业特别是高新技术企业不能产生足够的内部资源而自我维持，所以需要从创业投资机构等外部主体获取资源，从而克服高新技术企业因"新"而"小"的特征所带来的成长困境。虽然投资新兴产业的风险比较大，但从统计概率上来说，高新技术企业获得创业投资以后将表现出内在的高成长性：增长速度快、企业规模扩大、创新能力增强、企业持续成长的潜力大（毕海德，2004）。譬如，IBM、苹果电脑、联邦快递、DEL 公司、Inter 公司以及 Microsoft 等世界著名的企业巨子，创业之初都曾得到过创业投资的支持。事实证明，在创业资本支持下，我国也出现了一大批高成长型中小企业，如联想、四通、方正、京海、用友、科利华、浙江海纳集团、蒙牛集团、百度展讯通信、文思创新软件以及千像互动集团等。然而，从资源视角研究创业者与创业投资家的信任关系特别是信任利用方式较少，其代表人物主要有张岚、张帧、姜彦福（2003）和叶瑛、姜彦福（2006）。不难看出，基于创业者与创业投资家信任的代表性研究出现的时间较晚，对创业者与创业投资家信任的利用方式（简称信任利用方式）关注更少。

在不确定性环境下，通过网络嵌入获取创业所需的资源已成为新创企业克服成长劣势的有效选择（张方华，2010）。企业总是嵌入在与其联系的各种社会网络中，而网络的密度、位置、规模、集中度等结构特征决定了企业获取资源的数量和质量（Granovetter，1973；Gulati，1995a，1995b；Hansen，1999），从而也就决定了企业的经济绩效和水平（Granovetter，1995；Uzzi，1997；Owen-Smith and Powell，2004；McEvily and Marcu，2005）。从目前的文献来看，网络嵌入对企业成长的促进作用也得到了大量实证研究的支持（Lin et al.，2009；Hampton et al.，2009；Hallen，2008；李新春、刘莉，2009；吴冰、王重鸣、唐玉宁，2009；吴晓波、刘雪峰、胡松翠，2007），但网络嵌入对创业绩效的中间路径还缺乏深入的研究（朱秀梅、费宇鹏，2010）。也就是说，通过网络嵌入获取资源并转化为企业的竞争优势还不明晰。

事实上，创业本身就是一个非常复杂的动态过程，主要涉及创业者、资源、机会、组织等重要构成因素，因此，不同的理论视角（譬如人类学、组织理论、资源基础观等）形成了不同的研究思路和研究模型，但从认知理论来解释创业过程或绩效问题还不多见。认知理论强调个体知觉、行为、环境三方因果交互关系，这为创业研究提供了重要的新视角。大量研究表明，在认知理论框架内，作为企业无形资产的组织氛围也是绩效（竞争优势）预测的重要研究变量（Anderson and West，1998）。然而在创业领域，组织气氛如何影响创业绩效？其作用机理又如何呢？目前鲜有研究。

因此，本书将依据企业资源基础理论、社会网络理论、资源依赖理论、期望理论和认知理论，基于资源整合能力、网络嵌入、组织创业氛围、创业者资源支持、创业者动机、信任利用方式等不同的视角实证检验创业导向对创业绩效的作用机理，以进一步完善创业导向与创业绩效关系的经典模型。

二、理论与实践意义

综上所述，从企业资源基础理论、社会网络理论等出发，研究不同视角下创业导向对新创企业成长的影响具有重要的理论和实践意义。

1. 理论意义

从理论角度来看，本书有如下几点重要价值：首先，从不同的角度研究创业导向对创业绩效的影响机理，有利于更深入地认识创业导向对新创企业可持续成长的作用及其对创业活动的影响。虽然两者的关系研究已经成为创业研究的重要领域，但是缺乏深入系统的理论来解释两者关系的内在规律。与之相呼应，本书就是要从不同视角挖掘两者关系的坚实基础，深入剖析影响创业绩效的发展机制，试图回答既具有"新"又具有"小"劣势的新创企业如何突破资源瓶颈，进而有效促进新创企业创新性、风险承担性、行动积极性等活动的顺利实施，最终推动新创企业持续成长，这些都有助于进一步夯实创业管理理论体系的微观知识基础。

其次，有利于进一步深化创业导向与创业绩效的关系研究。从以往的研究文献可以发现，创业导向研究源于战略管理领域，然后延伸到创业领域，但从现有的文献来看，在学术界，创业导向与创业绩效的关系并未得出更具价值性、一致性、系统性的研究结论。基于此，本书基于内外部不同因素探讨创业导向对创业绩效的影响关系，具体而言，就是要将创业导向作为中介变量而不是自变量，进一步完善不同情境条件下创业导向对创业绩效的贡献程度。这将在战略管理与创业学之间架起一座桥梁，有利于进一步丰富创业管理与战略管理理论，也可以促进创业战略资源的优化配置。

最后，本书还可能为探寻、获取企业独特性资源提供新途径，有助于深入认识如何获取关键资源驱动新创企业成长的过程,从而进一步深化企业资源观理论。企业资源观认为,创业的本质就是获取和整合资源促进企业成长的动态过程。因此,本书就是通过各种途径发现和创造并共享资源和知识,克服不确定性环境下新创企业成长所面临的内部资源约束和外部环境障碍,从而促使高创业导向的形成,最终改进创业绩效。这有助于进一步深化新创企业创业者在获取独特性资源过程中所扮演的角色,有助于充分构建和完善新创企业的创业资源环境,从而决定了其资源整合和创造的效率,进而导致企业资源基础的异质性,提高企业的可持续竞争优势。

2. 实践意义

从实践价值角度来看,首先,本书通过构建创业导向的影响因素模型,实证分析这些影响因素在创业导向转化为创业绩效之间的作用效应,目的在于促进创业者快速地获取资源并实现与企业成长过程的匹配,推动新创企业创业导向战略的成功实施,提高我国科技成果的转化率,促进新创企业特别是高新技术企业的持续成长。换句话说,重构创业导向与创业绩效的关系模型,不仅为实践中创业活动的成功举行提供理论指导,而且还能促进高新技术产业的健康发展。

其次,本书从资源整合能力、网络嵌入、组织创业氛围、创业者资源支持、创业者动机、信任利用方式等不同视角揭示了创业导向对创业绩效的作用机理,从而有助于为天生缺乏资源的新创企业有效获取创业资源提供理论支持。为此,在当前形势下需要政府为培育一大批优秀的创业者群体创造良好的外部环境,为促进新创企业可持续成长提供政策、法律、社会文化和制度上的保证,尽快推动新创企业创业生态系统的完善,以提高资源的利用效率和效果,提升新创企业特别是高新技术企业以及产业的自主创新能力和竞争力;同时,鼓励更多的人加入到创业的行列中来,创造更多的就业机会,最终实现"创新型国家"的战略目标。

第一章 绪论

第二节 研究内容、研究方法与创新点

在对研究问题界定的基础上,本书将达成如下目标并重点探讨六方面的问题。

一、研究目标与内容

本书计划达成的目标是,以不同类型的新创企业(包括大学衍生企业、风险企业)为研究对象,实证检验不同视角下创业导向对创业绩效的作用效应,以重构创业导向—创业绩效关系的经典模型,进一步探讨资源整合能力、网络嵌入、组织创业氛围、创业者资源支持、创业者动机、信任利用方式在促进新创企业成长过程中所扮演的角色,从而更深入地揭示新创企业资源环境的动态演进如何驱动其快速成长。这不仅有利于新创企业创业者提升整合资源的能力、网络构建能力,营造良好的创业氛围,实现创业资源与企业成长的动态匹配,还有助于为政府推进新创企业特别是高新技术企业成长提供制度上、法律上以及政策上的支持依据。

图1-1为本书的基本概念模型。本书以企业资源观、社会网络理论、社会资本理论、期望理论以及创业认知理论为理论基础,对不同类型企业的创业导向与创业绩效的关系,以及不同视角下创业导向与创业绩效的关系进行深入和细致的归纳,分析现有文献在理论阐释和研究方法上存在的优点和不足,提出在现有条件下,基于内外部环境探讨和构建新创企业获取企业异质性资源的影响因素模型,进而分析其对创业导向与创业绩效关系产生的影响,从而为本书提供切入点和理论素材。因

此,本书主要围绕以下几个方面来展开:

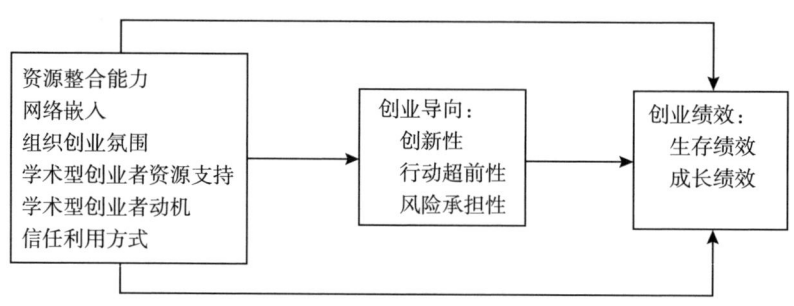

图1-1 本书的基本概念模型

第一,资源整合能力、创业导向与新创企业创业绩效关系研究。本书从企业资源观出发,在总结国内外资源整合文献的基础上,界定资源整合能力的基本概念、构建资源整合能力维度并开发其测量量表,实证检验新创企业资源整合能力、创业导向与创业绩效的关系模型,为未来研究和创业实践提供理论依据。

第二,网络嵌入、创业导向与新创企业创业绩效关系研究。本书从企业资源观和社会网络理论出发,在总结国内外网络嵌入特别是认知性嵌入文献的基础上,界定网络嵌入的基本概念、构建网络嵌入维度并开发其测量量表,实证检验新创企业网络嵌入、创业导向与创业绩效的关系模型,为未来研究和创业实践提供理论依据。

第三,组织创业氛围、创业导向与新创企业创业绩效关系研究。本书从企业资源观和创业认知理论出发,在总结国内外组织创业氛围文献的基础上,结合创业研究的最新进展界定组织创业氛围的基本概念、构建组织创业氛围维度并开发其测量量表,实证检验新创企业组织创业氛围、创业导向与创业绩效的关系模型,为未来研究和创业实践提供理论依据。

第四，学术型创业者动机、创业导向与大学衍生企业创业绩效关系研究。本书从期望理论出发，在总结国内外创业者动机文献的基础上，结合创业研究的最新进展界定学术型创业者动机的基本概念、构建学术型创业者动机维度并开发其测量量表，实证检验大学衍生企业创业者动机、创业导向与创业绩效的关系模型，为未来研究和创业实践提供理论依据。

第五，学术型创业者资源支持、创业导向与大学衍生企业创业绩效关系研究。本书从企业资源观出发，在总结国内外创业者资源支持文献的基础上，结合创业研究的最新进展界定学术型创业者资源支持的基本概念、构建学术型创业者资源支持维度并开发其测量量表，实证检验大学衍生企业创业者资源支持、创业导向与创业绩效的关系模型，为未来研究和创业实践提供理论依据。

第六，信任利用方式、创业导向与风险企业创业绩效关系研究。本书从企业资源观和资源依赖理论出发，在总结国内外组织信任、创业者与创业投资家关系文献的基础上，结合创业研究的最新进展界定信任利用方式的基本概念、构建信任利用方式维度并开发其测量量表，实证检验风险企业信任利用方式、创业导向与创业绩效的关系模型，为未来研究和创业实践提供理论依据。

二、研究方法

为完成本书提出的内容并实现其目标，本书主要采用以下两种方法：

（1）文献研究。回顾与本书相关的国内外理论与实证文献，总结和归纳现有文献的研究成果和主要不足，为本书提供切入点、理论素材以及需要进一步解决的问题，从而建立本书的基本概念框架与研究模型，并为本书假设推导提供理论依据。

(2)实证研究。以新创企业为研究对象,界定资源整合能力、网络嵌入、创业导向等相关概念,结合本书提出的理论模型形成访谈提纲并进行深度访谈。在此基础上,首先,根据文献研究和前期访谈结果,设计问卷并进行预调查;其次,在预调查基础上修改并完善本书的正式调查问卷,并着手正式调研,分别对资源整合能力、网络嵌入、组织创业氛围、创业者资源支持、创业者动机、信任利用方式、创业导向以及创业绩效等维度进行测量;最后,验证本书提出的理论假设,总结本书的结果与发现。研究过程中本书将采用探索性因子分析、验证性因子分析以及结构方程模型等统计方法,其中主要使用 SPSS、AMOS 等统计软件。

三、研究创新点

(1)本书在回顾现有文献的基础上,通过比较国内外相关文献,并结合企业资源观理论、社会网络理论以及相关创业理论,构建了创业导向的影响因素模型。本书以不同类型的新创企业为研究对象,实证检验不同视角下创业导向对新创企业成长的贡献程度。具体来说,本书尝试探讨资源整合能力、网络嵌入、组织创业氛围、创业者资源支持、创业者动机、信任利用方式、创业导向对创业绩效的影响,这有利于进一步丰富企业资源理论和创业理论,并为实践的创业活动提供战略指导。

(2)重构创业导向与创业绩效关系的经典模型。本书转变思路,试图在资源整合能力、网络嵌入、组织创业氛围、创业者资源支持、创业者动机、信任利用方式这些变量和创业导向之间建立联系,分析引入创业导向的中介效应以后,这些变量如何影响创业绩效,这有助于进一步丰富关于创业导向与创业绩效的关系研究。

第三节 技术路线与基本结构

本书的技术路线如图 1-2 所示。

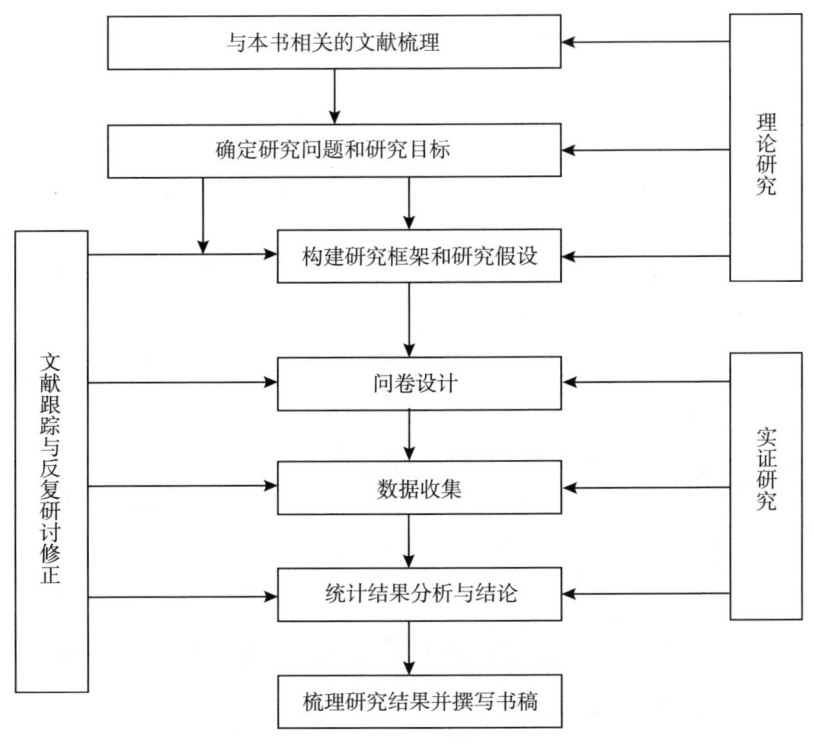

图 1-2 本书的技术路线

基于本书主题和上述技术路线,本书总共分为六章内容,各章之间的逻辑框架如图 1-3 所示。

第一章为绪论。本部分详细地介绍研究背景、选题依据和研究价值、研究目标、内容以及方法,创新点以及本书的技术路线和结构安排。

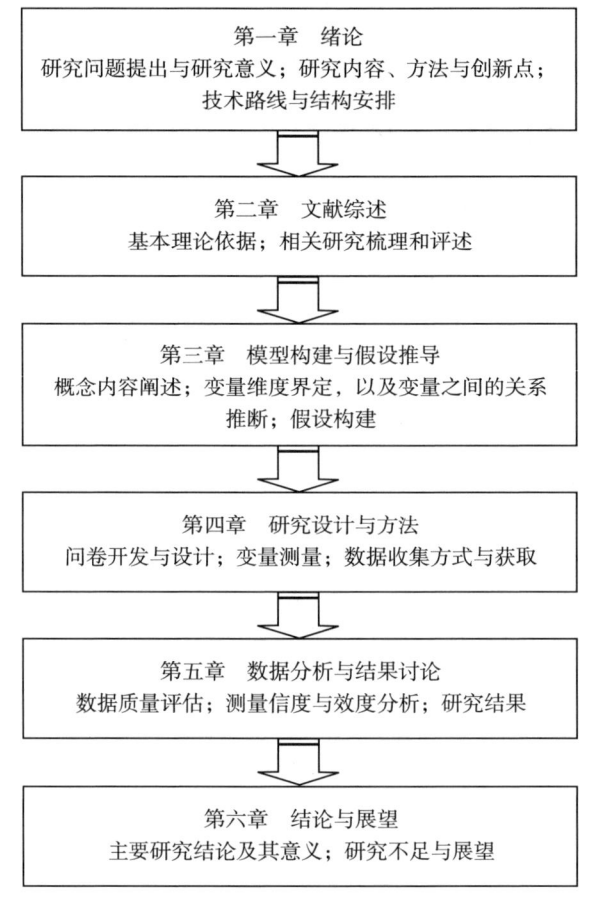

图 1-3 本书的逻辑结构安排

第二章为文献综述。首先,介绍了本书的理论基础:企业资源观、社会网络理论、资源依赖理论、创业认知理论和期望理论;其次,在创业导向与创业绩效的关系研究方面进行了深入的文献回顾,提出现有研究的不足之处和发展方向,为本书导出切入点;最后,从资源整合能力、网络嵌入、组织创业氛围、创业者资源支持、创业者动机、信任利用方式这些视角出发,对创业导向与创业绩效的关系进行了深刻的剖析,从而为本书的实证分析过程提供理论指导和知识依据。

第一章 绪论

第三章为模型构建与假设推导。在这一章中，本书以不同类型的新创企业为研究对象，首先，对创业导向的概念内涵进行阐述并构建其影响因素模型；其次，在变量维度界定的基础上，推断变量之间的关系并提出相应的理论模型和研究假设。

第四章为研究设计与方法。首先，说明问卷的设计与开发过程以及如何对变量进行测量；其次，阐述数据收集、处理过程；最后，对不同类型的企业样本特征进行描述，并对本书使用的数据分析方法作相应的说明。

第五章为数据分析与结果讨论。本部分主要包括数据质量评估，变量测量的信度和效度分析，利用结构方程模型来分析各变量之间的关系，验证本书提出的理论假设，得出相应的结果。

第六章为结论与展望。本部分总结研究结论，讨论研究结论的理论与实践启示，说明本书存在的不足，并提出今后进一步研究的方向建议。

第二章 文献综述

第一章提出了研究问题以及需要研究的内容,在此基础上本章进行了相关的文献回顾,有利于进一步验证和完善理论。首先,本章阐述了新创企业成长的相关理论,为后面的实证研究提供了相应的理论准备;其次,综述了资源整合能力、网络嵌入、组织创业氛围、创业者动机、资源支持、信任利用方式与创业导向、创业绩效关系的研究,导出了本书的切入点;最后,对不同视角下创业导向与创业绩效的相互关系进行了归纳和评述,为本书的深入分析提供了坚实的知识基础。

本章主要从以下三个方面展开:新创企业成长理论、不同视角下创业导向与创业绩效的关系、文献评述。

第一节 理论基础

一、企业资源观

企业持续高成长一直是管理学界研究的热点问题,也是企业实践界追求的梦想。为此，企业成长的影响因素和企业成长过程的动态特征引起了经济学、管理学、社会学等多种理论学派的关注和研究（Ardishvili et al.，1998），出现了企业成长理论的"丛林现象"，企业资源观就是其中的代表性理论之一。

企业资源观的鼻祖彭罗斯最早系统地研究了企业从内部成长到外部成长的资源演变过程，分析了限制企业成长的三个方面的因素：管理竞争力、产品或要素市场以及风险与外部条件（Penrose，1959）。虽然彭罗斯式的企业资源基础理论较少关注新企业成长过程的创立阶段，但她的理论明显地关注机会的识别和开发、企业家知识和服务在这一过程中的作用及其对企业成长方向的深远影响。进入成熟期的企业资源观则明确宣称，拥有一系列独特资源和能力的企业能创造竞争优势，只要这些资源具备有价值的、稀有的、不可模仿或替代成本很高（Barney，1991；Wernerfelt，1984）的特征。

企业资源观更强调企业只能被动地适应环境变化，只有通过企业家和管理者的能力才能为企业创造出新的资源和新的成长机会，比如企业家个人特征、企业管理团队的结构以及企业的物质资源状况等因素成为企业成长的决定性因素。显然，这种基于企业资源观的企业内部成长机制只是静态描述了影响企业成长的内部因素，而忽视了这种成长因素与环境变化的匹配性（谭新生，2003），因此也存在相应的局限性。

企业资源观其他学者对资源形式的认识却不尽相同，如专利、产权、垄断技术、关系等。多数学者声称，只有那些无形资源才能造就企业与众不同的绩效，也只有无形资源才是企业竞争优势的源泉。Galbreath 和 Galvin（2004）研究发现，尽管企业资源观支持无形资源与企业绩效之间的联系，但就实践经验来看，这种关联并非总是正确。可能源于资源之间存在着某种相互关联性，一种资源优势的产生可能要依赖于另一种资源的存在，所以没有哪一种资源（无形资源或是其他资源）能够单独成为所谓的企业绩效源泉。①

动态能力观已经拓展了企业资源观，将其带进了企业能力发展的新境界。基于路径依赖型学习不断发展起来的能力，将确保企业在竞争者中永远保持领头羊的地位，并持续获取超额回报（Dierickx and Cool，1989；Teece et al.，1997）。然而，这决不表明，大多数企业都有能力通过学习曲线效应阻止竞争对手的赶超。只是企业要确保竞争优势，就必须选择最佳能力发展轨迹，从而促使企业永远保持先发制人的位置，避免其他竞争对手的模仿赶超。然而，各种限制性的理性条件却往往会限制企业达到第一个目标，而企业间的等效条件又会阻挠第二个目标的实现。如此，现实中实践者们却已被置于一个尴尬的境地：如何才能拥有梦寐以求的可持续竞争优势，这些优势尽管他们不曾拥有，但在理论上却是可以获得的。

此外，Miller（2003）调查发现，部分企业没有完全将企业战略建立在资源或能力之上，而是有赖于企业自身的"不对称性"（Asymetry）。所谓不对称性是指其他企业没有也不能低成本去复制的一些典型性技能、流程或者资产。尽管它们与任何价值创造毫无关系，但它们同样稀缺、难以复制且不可替代。通过发现和重构这些不对称性，将它们嵌入企业的组织设计、战略规划之中，通过适当的市场机会，让它们发挥杠杆作用，最终成为企业的可持续资源或能力。

二、社会网络理论

社会网络理论（Johanson and Mattsson，1988）认为，网络可视为企业间关系的复杂组织，它可以协调网络成员之间的信息、商品、资源流动，个体倾向、承诺以及信任关系来实现网络成员之间的目标一致性，从

---

① 徐淑英，张维迎. 美国管理学会学报最佳论文集萃（第二辑）[M]. 北京：北京大学出版社，2012.

而推动企业成长（Todeva，2000）。由节点连接而成的网络组织蕴含着与节点连接的性质相关的网络资源，包括网络结构资源、网络成员资格资源、关键链形态资源以及网络管理能力资源（Gulati，1999），这些资源正是企业竞争优势的关键资源（Dyer and Singh，1999）。

在高度不确定性的动态环境下，越来越多的企业认识到外部环境的重要性，需要与其他企业进行合作，建立正式与非正式的网络合作关系，从而获取和共享网络资源，克服企业内部资源的瓶颈限制，为企业成长提供关键性资源（Miles and Snow，1984），从这个意义上讲，基于网络理论的企业成长是一种外部成长机制。虽然这种成长方式与企业内生性成长相比，表现出更快的成长速度、更强的成长能力、更长的持续性，但是在理论构建和实证方法上都远未成熟（邬爱其、贾生华，2007），有待进一步的发展和完善。

Granovetter（1973）首次提出了关系强度的概念，将关系分为强关系和弱关系，其中强关系维系着群体、组织内部的关系，弱关系在群体、组织之间建立了纽带联系。通过强关系获得的信息往往重复性很高，而弱关系比强关系更能跨越其社会界限去获得信息和其他资源。强、弱关系概念的提出对社会网络分析产生了重大影响。在此基础上，他对经济行为如何嵌入社会结构作出了进一步的阐释：经济行为嵌入社会结构，而核心的社会结构就是人们生活中的社会网络，嵌入的网络机制是信任；信任来源于社会网络，嵌入社会网络之中。因此，人们的经济行为也嵌入社会网络的信任结构之中。

结构洞理论（Structural Holes Theory）是由Burt（1992）在Granovetter（1973）等研究的基础上提出来的。结构洞是两个行动者之间的非冗余的联系，它包含结构对等、结构内聚性、角色对等等概念。这一理论可以对网络中的行动者如何相互影响对方的态度和行为等作出预见。例如，对于三个行动者A、B、C来说，如果A和B有联系，A与C有联系，但是 B 和 C 之间不存在联系的话,那么 B 和 C 之间就相当于存在一个洞。A、B、C 之间关系的这种结构就是一个结构洞,A 是结构洞的中间人。Burt(1992)认为,结构洞能够为中间人获取"信息利益"和"控制利益"提供机会,从而比网络中其他位置上的成员更具有竞争优势。

三、资源依赖理论

资源依赖理论源于马歇尔的思想,它强调将外部环境与企业内部条件相结合(Pfeffer and Salancik,1978;Fligstein and Freeland,1995),不仅要重视企业内部资源能力,而且也要对企业所依存的竞争性环境给予同等的重视,重视企业的文化历史、特点以及文化对企业竞争优势形成和战略实施的重大影响(Mazzonis,1989)。由于外部环境的不确定性、模糊性以及复杂性的不断加大,不仅要重视外部环境对企业成长的长期影响,同时需要更加重视企业内部知识资源的积累和利用对环境的创造作用,获取和整合内外部资源,实现资源与市场的匹配(Richardson,1975),从而实现企业的混合成长。

基于资源依赖理论的企业混合成长着眼于未来机会而不仅仅是现实的市场占有率,实现了企业内部资源和外部环境的良好结合,倡导注重利用和整合企业内外部各种资源来提高竞争优势,是一种新型的企业成长机制。由于新创企业严重缺乏成长所需要的关键资源,必须与环境中其他组织形成交互作用,从而获取互补资源促进企业快速成长。因此,这种基于资源依赖理论的企业成长方式特别适合新创企业。

资源依赖理论的重要贡献在于揭示了企业与环境的依赖关系,使人们看到了企业采用各种策略来选择和适应环境,为分析企业资源依赖和利用策略提供了理论工具。资源依赖学派所强调的企业环境并不仅仅是一个客观存在的东西,而且是企业及其管理者通过选择、理解、参与、设定而产生出来的，是企业和环境交互作用的结果（Pfeffer and Salancik，1978）。面对着同一外部环境，不同的企业或者同一企业的不同管理者会有不同的选择、理解、参与以及设定方式。因此，对环境的认识不同，影响环境的实际作用也会有所差异，这充分体现了环境塑造观的特点。因此，为了对资源需求做出反应，企业通过修正、操纵或控制其他企业来维持自身独立，并与其他企业建立联系；同时，企业也要努力改变或控制环境因素，比如参与法律、政治性活动和改变合法性的定义等。

四、创业认知理论

早期国内外创业研究主要集中在创业者特质领域（Collins et al.，1964；McClelland，1961），在一定程度上能解释创业者与非创业者之间的区别，便于理解人们如何做出决策。但在随后的实证研究中，许多学者发现采用创业者特质理论在解释创业行为时存在很大的局限性，其解释力明显不足，很难取得令人满意的结果。研究表明，随着认知科学和认知心理学的快速发展，人的思维及其做出的判断是由个体的认知过程和认知结构决定的，认知理论有助于解释创业者的行为及其与创业有关的一系列情景的判断（张石花，2009）。

从20世纪80年代起，西方学者开始将认知理论引入创业研究，尤其是在90年代以后得到了蓬勃发展，促使学者从认知角度对创业问题进行深入研究。创业认知的概念最初是由Shapero和Sokol（1982）提出来的，他们认为当个体将可取性置于可行性有限考虑的时候，创建新企业的想法才会出现。Bird（1988）以创业认知为基础，提出了创业意向的模型，他认为创业意向是一种决策思维，并以一个观察联系、资源和变化的形式存在，指引个体对于关键问题的选择。

随后，众多学者基于创业意向、自我效能感、风险偏好视角进行了拓展研究（Kureger，1993；Krueger and Dickson，1994）。Busenitz 和 Barney（1997）在决策理论研究中，指出创业认知偏差和启发式创业是影响创业决策的主要因素。Boyd 和 Vozikis（1994）对 Bird（1988）的创业意向性模型做了进一步的发展，引入自我效能感、感觉和态度等因素构建了新模型，深入分析了环境和个体因素之间的交互作用。Busenitz 和 Lau（1996）在提出的跨文化创业认知模型中指出，个体的创业认知对创业意向与创业绩效的关系有显著影响。

Mitchell 等（2002）定义创业认知为人们用来对创业机会进行识别、评估、开发和决策的知识结构。Mitchell 等（2007）呼吁创业领域应该加强认知理论的研究，源于认知理论能更好地说明创业领域最基本的问题（张玉利等，2007）。创业认知理论提供了一个全新的研究视角和领域，有助于更好地解释创业现象，揭示创业者头脑中的"黑箱"，探索个体进行创业行为时的差异性（张石花，2009）。现有文献研究表明，创业者的认知模式、过程与其他人存在差异，更多地停留在理论探讨的层面上，实证研究还比较缺乏（Baron，2004）。近年来，少数学者们开始在创业风险承担、跨文化风险决策、地域经济以及家族企业认知复杂性等方面依据创业认知理论进行研究，不仅有效地解释了创业活动的基本规律，而且对提升创业热情和扩充创业理论都有着重大意义（王晔，2012）。

五、期望理论

在心理学中有两种形式的期望理论：①托尔曼的期望理论，是普通心理学中的一种学习理论；②弗洛姆的期望理论，是社会心理学中的一种工作动机理论。作为认知心理学的先驱，Tolman（1932）通过对动物的实验研究提出行为的目的性，即行为的动机是指望得到某些东西，或者企图躲避某些讨厌的事物。托尔曼依据这个实验提出的理论被称为期望理论。该理论认为，期望主要依赖于环境事件的时间顺序，而不依赖于反应的结果。人类凭借经验期望通过某些途径或手段来达到行动的目的，这就是期望理论的出发点。但是，动机理论不仅要解释人的行为是如何被推动的，更要解释选择特定的行为的原因。这有赖于人类如何看待事物的因果关系，进而采取具体的手段。

实际上，期望理论旨在解决动机的两个问题：一是期望什么，即实现目的的可能性；二是目的的价值。基于此，Vroom（1964）提出了动机是期望与效价的函数。简单地说，一个人的努力大小是期望和效价的函数。一个成就动机高的人，往往就采取难度适中的目标。在企业管理工作中，运用期望理论调动工作人员的积极性是有重要意义的。Locke（1968）也认为，目标是动机的决定力量，高标准又具体的目标才能达到最高的成就。如果只是提出"尽力而为之"这样笼统的目标，就不会取得更高的成绩。不难发现，洛克的目标理论实际上包含了期望理论中的"工具性"这一要素。因此，这两种理论并不完全冲突。

尽管期望理论可以说明一个人选择特定行为的原因，但不能解释期望的形成过程。归因理论对此作出了很好的解释。Heider（1958）认为，一般来说人持有的因果逻辑来自对复杂现象简单化、笼统化的常识理解。例如，一个人工作成功了，他可以归因于自己的努力或能力，失败了则归因于环境条件或他人过错。因此，归因可以分为内部因素（如自己的努力或能力）和外部因素（如环境条件或机遇）；同样，归因还可以分为稳定和不稳定两种。同为内因，禀赋是属于稳定的归因，而努力则属于不稳定的归因。例如，一个人把失败归因于不努力，另一个人则归因于禀赋，这样就会形成两种结果完全不同的动机。归因于不努力可以让人振奋，挽回败局；归因于天生愚笨，便不再努力。显然，归因不一定是真正的原因，但只有主观上所归结的成功或失败的原因，才会决定一个人的行为。

第二节 创业导向与创业绩效的关系研究

创业导向与创业绩效早已成为学术界关注的热点问题。由于在创业者与创业投资家之间存在信息不对称的问题，以及动态的不确定性环境给新创企业未来绩效带来的高度不确定性，使创业者与创业投资家的关系别具特色而备受关注，由此具有不同学科背景的学者开始从不同的理论视角对这一问题进行探讨，试图通过不同层面的深入研究找到创业导向转化为创业绩效的途径，并最终能促进创业投资和新创企业的共同发展。具体可以归纳为如下几个方面：

一、作为自变量的创业导向与创业绩效关系研究

创业导向研究最早源自战略领域，20世纪70年代开始许多学者对此进行了深入的研究（Miller and Friesen, 1978；Covin and Slevin, 1989, 1990；Naman and Slevin, 1993；Lumpkin and Dess, 1996, 2001），但至今对创业导向还没有达成一致的概念。有学者认为创业导向是一种有目的的行动战略（Van deVen and Poole, 1995）。[①] 也有学者认为，创业导向就是创业者用于创业的方法、实践和决策体系。目前较为公认的对于创业导向的概念是由 Miller（1983）提出来，并且由 Lumpkin 和 Dess（1996）所完善的：创业导向是指创业者在选择战略行动时倾向于积极承担企业活动相关的风险、乐于接受改变和创新以获得竞争优势，并采用积极主动的措施

[①] Van deVen A. H., Poole M. S. Explaining development and changein organizations [J]. Academy of Management Review, 1995, 20 (3): 510-540.

和竞争者竞争的倾向。

关于创业导向维度,大多数学者都是基于 Miller(1983)的研究进行界定的,即真正符合创业导向的企业应该同时具备创新性、风险承担性和行动超前性三个要素,这些要素共同组成了"一个基本的没有维度的战略导向"(Covin and Slevin,1989)。Lumpkin 和 Dess(1996)正是基于这种逻辑提出能够描绘所有具有高创业导向的企业所具有的一些特质:自治性、创新性、风险承担性、行动超前性和竞争侵略性。后续研究者在对此五维度模型进行验证时,发现这些维度之间存在较多的重合现象,因此在实际研究测量中难以有效地区分不同的维度与一些关键的组织结果之间的内在关系。因此,目前研究多采用创业导向三维度进行测量。其中创新性是创业导向的核心,风险承担性是创业者和创业活动最基本的特征之一,而迫于环境的被动反应不属于行动超前性范畴。①

随着创业导向研究的不断深入,创业学者们也开始在创业领域中引入创业导向的概念并进行了大量的研究,最终取得了初步成果。在创业文献中,关于创业导向维度之间的关系所争论的核心问题便是创业导向三维度之间是共同变化还是独立变化。Covin 和 Slevin(1989)最早研究了三维度之间的关系,他们认为只有在创业导向的三个维度同时都高时,才能说明一个企业具有高创业导向。但是后来,Lumpkin 和 Dess(2001)却认为,创业导向三维度是彼此独立变化的,并且这三个维度对结果变量具有各自不同的影响作用。后期研究确实也证明了这一点(Covin et al.,2006;Kreiser et al.,2002),但是单一维度的测量掩盖了创业导向的不同维度对整体创业导向的独特贡献。近期许多学者认为,由于企业所处的经营环境、成长阶段和市场地位不同,企业所采取的策略也具有很大的差异性,因此,这三个维度的模式组合也要应企业需求而定,并根据企业的特

---

① 蔡莉,肖坚石,赵镝. 基于资源开发过程的新创企业创业导向对资源利用的关系研究[J]. 科学学与科学技术管理,2008(1):98-102.

殊情况随时加以调整。Schollhammer（1982）认为，很多时候高创业导向企业往往是通过兼并一些有前途的小公司来达到进入其他市场的目的，这样做尽管在创新性上是低水平的，但却是具有行动超前性的策略。①

以往的战略和创业研究指出，创业导向是企业成功的关键要素，其有助于企业绩效的改进。高创业导向企业更愿意不断更新它们的市场产品或者服务，尝试运用新的管理或者生产方法，并采取领先竞争对手的策略来把握市场的行动导向，所有这一切都是企业成功的关键要素（Covin and Slevin，1989；Covin and Slevin，1990；Dess et al.，1999）。Wiklund（1999）以132家瑞典小企业为研究对象发现，创业导向与绩效之间存在正相关关系，并且这种相关关系随着时间延长而不断增强。随后，他与Shepherd（2003）以384家瑞典中小企业为研究样本，也发现创业导向对企业绩效存在着积极的影响作用。此外，Rauch等（2004）通过对以往37项研究所做的元分析发现，创业导向与企业绩效之间正相关，并且这种关系在中国情境下也得到了验证（Chow，2006）。

总体来看，创业导向与绩效之间的关系是一个复杂的作用过程。Lumpkin和Dess（1996）指出，创业导向与企业绩效之间的关系具有情境性，不同类型的企业其创业导向与绩效之间的关系是有差异的，而且这种关系还取决于企业的内外部环境及它们之间的交互作用。Zahra和Garvis（2000）对149家制造业企业进行分析后发现，产业内竞争越激烈，创业导向和企业绩效的正相关性就越强。除了产业环境之外，企业所处的制度、文化和经济环境也对创业产生重要影响。如Dickson等（2004）使用七个国家的1691家中小企业的数据，考察不同的宏观经济、法律和文化对创业导向的影响，他们最后得出结论：创业导向与制度环境强相关，并把创业导向看成是对复杂的制度环境和企业因素的战

---

① Schollhammer H. Internal corporate entrepreneurship [A] //C. Kent, D. Sexton and K. Vesper (Eds.), Encyclopaedia of Entrepreneurship [M]. Englewood Clipp, NJ: Prentice Hall, 1982.

略反应,是企业领导对环境感知和对企业资源可获得性的综合反应结果。①

从企业的内部环境来看,组织结构、企业资源与能力、组织战略、组织文化以及网络结构等都是影响创业导向和企业绩效关系的权变因素,这些因素与创业导向进行有效匹配,企业才能获得最佳企业绩效(Walter et al.,2006)。譬如:Miller(1983)证实了有机式组织激发企业的创业活动;Wilkund 和 Shepherd(2003)发现基于知识的资源对创业导向与企业绩效的关系具有正向调节影响。Hayton(2005)也发现智力资本与公司创业活动具有正相关性。张玉利和李乾文(2006)探讨了在中国转型经济背景下,组织能力对于创业导向取得成功的重要作用,他们研究发现,组织的探索能力与开发能力在创业导向转化为组织绩效中起到中介作用。Covin等(2006)对美国110家制造型企业进行研究后发现,企业的创业活动依赖于其资源和能力,这些资源和能力提供了所有组织行为的基础,也影响了公司创业的战略选择。同时,他们还认为,包括战略决策制定参与性、战略制定模式以及战略失败学习在内的战略过程变量在创业导向与销售增长率之间起到缓冲作用,并且这正向关系在采用独裁制决策方式和即兴战略制定方式的企业中表现更为明显。然而,有些研究也表明,与高创业导向创业型企业相比,那些保守型企业更能通过战略性失败的学习从中受益。近期关于创业导向的一些研究试图通过网络寻找创业导向有效转化为组织绩效的中间路径。创业行为不仅根植于企业的社会文化环境,还根植于企业网络中(Floyd and Wooldridg,1999),企业网络的结构嵌入性、关系嵌入性和认知嵌入性为企业创业活动获取资源与信息发挥了重要的作用,影响企业公司创业战略选择(Uzzi,1989;Tsai and Ghoshal,1996),

---

① Marino L. D., Lohrke F. T., Zhi T., Dickson P. H., Weaver K. M. Entrepreneurial acuity: The relationship between entrepreneurial orientation and the convergence of archival and perceptual measures of environmental uncertainty [J]. Frontiers of Entrepreneurship Research, 2005, 29 (12): 1-15.

利用外部网络获取资源被认为是创业的精髓所在。[①] Stam 和 Elfring（2006）研究了网络策略在新创企业的创业导向与企业绩效之间的中介作用。他们研究发现，具有高创业导向的企业通过与行业以外企业的广泛桥梁联系提升了绩效，但却通过在行业内非正式沟通网络中的中心位置而降低了绩效。

实际上，企业内外部环境的交互作用（譬如社会资本与外部网络的融合）同样会影响创业导向与创业绩效的关系（Lumpkin and Dess，1996）。例如，Wikiund 和 Shepherd（2005）通过研究发现，环境动态性以及财务资本的可获得性在小企业的创业导向与绩效之间起到缓冲作用。在动态的环境下，小企业的创业导向与企业绩效之间的关系更为显著。同时，小企业的财务资本可获得性越强，其创业导向越有利于企业绩效的提升。

总之，"创业导向与创业绩效之间正相关"这一观点在总体上得到了众多实证研究的支持，高创业导向也被学者们广泛地看作是企业成功的关键要素。与此同时，在创业导向与创业绩效的关系之间起到中介或调节作用的相关变量，譬如，社会资本、环境动态性也得到了学者们广泛的识别与验证。正是基于这个原因，本书转换思路，试图探索引入创业导向的中介效应以后，创业绩效的贡献程度是如何发生变化的。

二、作为中介变量的创业导向与创业绩效关系研究

1. 创业资源、创业导向与创业绩效关系研究

创业本质上是识别机会、利用资源开发机会的动态过程。对于新创企

---

① Jarillo J. C. Entrepreneurship and growth: The strategic use of external resources [J]. Journal of Business Venturing, 1989, 4 (2): 133-147.

业而言，创业资源的开发过程就是构建资源基础、提升竞争优势的过程（Brush et al.，2001）。从这个意义上讲，创业的本质就是对创业资源进行合理配置以实现价值创造、获取竞争优势的过程。Gilbert 等（2006）在梳理现有文献的基础上探讨了新创企业的成长性问题，发现新创企业的资源水平起着重要作用。事实上，相比成熟企业，新创企业缺乏成功的纪录和口碑声誉等有利条件，使整合资源成为推动其可持续成长的最大挑战。因此，在很大程度上新创企业创业绩效的差异并非先前研究普遍认为的产业环境所引起的，而是新创企业构建的资源基础及其创业者所采取的资源整合方式所致。①

现有的研究表明，提升创业者的资源整合能力不失为新创企业成长发展的有效途径。Eisenhardt 和 Martin（2000）认为，资源整合能力由获取、优化、配置及转让资源四个方面所构成，形成了企业的核心竞争力，提高了企业绩效。Brush 等（2001）探讨了新创企业面临的主要挑战，并据此将资源整合过程划分为集中资源、汲取资源、整合资源以及转化资源四个阶段，结合案例研究方法发现资源整合能力有助于促进企业创业绩效的提升。Sirmon 等（2007）研究也表明，资源整合能力从资源构建、资源绑聚、资源利用三方面提升了新创企业的创业绩效。作为一种动态能力，资源整合能力有助于创业者从外部环境中识别资源、获取资源、配置资源和利用资源，从而提高新创企业的创业绩效和构建持续的竞争优势。②

新创企业创业者不但要努力提高资源内部积累的效率，同时要致力于开辟获取外部资源的渠道（朱秀梅，2006）。朱秀梅和蔡莉（2008）认为，资源可获得性反映了个体从外部获取资源的便利程度，包括对环境中

---

① 张玉利. 创业研究经典文献述评［M］. 北京：机械工业出版社，2018：61-66.
② 王建中. 创业环境及资源整合能力对新创企业绩效影响关系研究［D］. 昆明：昆明理工大学，2011.

创业活动的各个方面产生影响。从现有的文献来看,创业者个性特征及其团队异质性与创业导向的关系获得了国内外学者的关注。在不确定性环境下,如果创业者的成就需要越强,那么企业的战略活动更加积极主动,从而对创业导向的影响就越大(Nandy,1973)。与保守创业者不一样,具有风险倾向性的创业者敢于采取大胆的行动,进而影响创业导向(Bearse,1982)。Entrialgo等(2000)通过文献调查和实证研究证实了在环境不确定性条件下,创业者特质对创业导向具有正向促进作用(Stewart,1998;张莹,2008;邓金玉,2011)。①

创业自我效能感是决定创业者最终采取创业行动可能性的一个重要变量,对于创业选择和创业行为具有较好的解释力(Boyd and Vozikis,2014)。换句话说,创业自我效能感可提高创业者行为选择的效率,增加创业者的努力程度、毅力与信心(Bandura,1982)。拥有多创业经历的创业者能获得足够的自我效能感的心理支持,并有效应对外界环境变动所带来的思维模式改变和情绪反应(Bandura,1977)。对于新创企业而言,拥有多创业经历的创业者通过自我评价和自我调节,可以不断提升自我效能感,从而有助于促使其开展更具挑战性的工作,积极培养出创新创业精神和意识,进而提升企业的创新性导向(Krueger and Brazeal,1994)。与此同时,创业自我效能感提升的直接结果是增加了创业者对自身能力更强的信念和信心,承担风险能力也随之增强(Zhao et al.,2005),这种能力促使创业者更倾向于选择高开放性、高冒险性、高目标性的决策方案,从而促使其在创业决策过程中体现出更强的风险承担性导向。此外,创业自我效能感有助于增强创业者对创业机会的识别与感知,促使其先于竞争对手创造出新的产品或服务满足市场需求(Kickul et al.,2009),因为高创业自我效能感者充分相信其有能力克服创业过程中的各种困难和挫折

---

① 于单单. 创业者特质与创业绩效关系研究——基于创业导向的调节作用 [D]. 南京:南京财经大学,2014.

（Chen et al.，1998），有能力采取超前行动去把握机会获取成功（Barbosa et al.，2007）。

根据高阶梯队理论，具有有限理性的 CEO 的个性特征直接影响到企业战略决策（Hambrick and Mason，1984）。Galasso 和 Simcoe（2011）最早研究了 CEO 过度自信与企业创新之间的关系，发现过度自信的 CEO 出于职业生涯考虑通过创新来证明自己的企业家才能。随后，Hirshleifer 等（2012）的实证研究表明，高科技企业 CEO 过度自信会增加研发投入，进而促进企业创新绩效的提升。Andreas 等（2014）考察了过度自信的 CEO 与企业创业导向的关系，他们指出，过度自信的 CEO 面临困境时能够迅速做出决策并有效激励员工的创新行为，进而促进企业创业导向的实施。刘良灿和宁鑫（2018）以 2010~2014 年中国创业板上市公司数据为样本进行实证研究后表明，CEO 过度自信能够促进科技型企业实施创业导向和提升创新绩效，与张雪（2018）的研究结论如出一辙。①

与此同时，学者们开始关注 CEO 过度自信影响创新绩效的转化路径，以进一步探讨创业者特质影响企业创新和成长的作用机理。从现有的文献来看，既有正向的调节作用，也存在负向的调节作用，还存在不同程度的中介作用。朱磊等（2016）认为，国有持股比例正向调节 CEO 过度自信对创新绩效的作用。Tang 和 Yang（2015）从外部环境角度出发，发现 CEO 过度自信与企业创新受到环境宽裕性和复杂性的负向调节作用；孔东民等（2015）的研究表明，股权集中度和股价同步性负向调节 CEO 过度自信对企业创新的作用。易靖韬等（2015）认为，不同类型的企业高管的过度自信影响创新绩效的程度存在明显差异，规模大的企业高管过度自信更能促进企业创新，而采取财务扩张战略的企业高管过度自信不利于促进创新；毕晓方等（2016）基于企业资源观提

---

① 张雪. CEO 特征、公司创业导向与创新绩效——CEO 防御的调节作用［D］. 兰州：兰州大学，2018.

出，财务冗余资源水平的高低调节过度自信对创新绩效的促进作用。贾明琪等（2015）从代理理论角度出发，发现管理者偏好在过度自信提升企业创新水平中起着中介作用；史敏和耿修林（2017）基于"投入—产出"的逻辑，发现技术创新投入部分中介了管理者过度自信对企业技术多元化水平的作用。

4. 信任利用方式、创业导向与创业绩效关系研究

（1）创业者与创业投资家的关系研究。自从 Timmons 和 Bygrave（1986）提出创业者和创业投资家之间的合作关系比资金本身更加重要以后，这种关系研究一直是经济学和管理学等关注的焦点问题。① 迄今为止，大量的研究从不同的视角全面、深入地探讨了两者之间的关系（张岚、张帏、姜彦福，2003）。②

1）经济学视角。基于委托代理理论视角通常将创业者与创业投资家之间的关系看作是一种委托代理关系，强调双方的长期合作（Jensen and Meckling，1976）。由于非对称信息的存在以及机会主义的可能性，使委托人和代理人获得共同目标的激励是重要的，不能太强调代理人的风险厌恶特性，而应促使代理人在一个可信的方式下工作。为了解决信息不对称所带来的道德风险和逆向选择问题（Inderst and Muller，2001；Wang and Zhou，2004），创业者与创业投资家投融资契约就产生了，这种投融资契约一直是置于金融契约理论的框架下进行研究的（Hart，2001）。这种视角认为，需要解决的问题就是在信息不对称条件下如何激励创业者采取最优的行动、如何让创业者报告真实的风险企业业绩（Innes，1993；Kaplan

---

① Timmons J. A., Bygrave W. D. Venture capital's role in financing innovation for economic growth [J]. Journal of Business Venturing, 1986, 1 (2)：161-176.
② 张岚，张帏，姜彦福. 创业投资家与创业企业家关系研究综述 [J]. 外国经济与管理，2003，25 (11)：2-6.

and Strömberg,2003）。①②

其实，基于委托代理和金融契约理论视角的研究并未解决个体理性与集体理性的冲突。因此，Cable 和 Shane（1997）利用"囚徒困境"模型分析了创业者和创业投资家之间的合作关系。他们研究表明，双方合作有赖于签订合约的时间压力、权力是否平等以及双方在人口统计特征上的相似性。同时，Kaiser 等（2007）也认为，双方利益目标的冲突会直接导致双方合作博弈的难度。

2）管理学视角。经济学视角强调的是关系本身的研究，但在管理学领域更多的是探讨关系本质的拓展。Busenitz 等（2004）基于组织学习的角度，指出创业者与创业投资家之间的合作与学习可以增加创业投资家资源投入的热情，有利于企业管理规范化，从而导致风险企业长期绩效的增加。Peirone（2007）研究表明，创业项目的成功有赖于创业者和创业投资家之间知识基础的相互补充所激发甚而加强的知识流。可见，这种基于组织学习理论的视角实际上强调创业投资家和创业者之间的关系本质上就是一种将相互学习作为重要目标，并为实现这一目标而建立起来的社会关系网络。③ 构建这种网络的基础就是信誉（Gomper，1998）。

研究表明，声誉好的创业投资家能够吸引一些职业经理人离开大公司加入风险企业，从而使其拥有强有力的管理队伍；能够吸引优秀的创业投资家来寻求创业投资，发现更多具有市场前景的投资项目；能吸引一流的证券承销商，降低发行资本；能推荐更多的风险企业公开上市，获得更高的投资回报率；能拉动服务提供商（譬如，专利律师、猎头以及投资银

---

① Innes R. D. Futures and options: Optimal price-linked financial contracts under moral hazard [J]. Quarterly Journal of Economics, 1993, 43 (2): 271-295.

② Kaplan S. N., Strömberg F. Financial contracting theory meets the real world: An empirical analysis of venture capital contracts [J]. Review of Economic Studies, 2003, 70 (3): 281-315.

③ Clercq D. D., Sapienza H. J. The creation of relational rents in venture capitalist-entrepreneur dyads [J]. Venture Capital, 2001, 3 (2): 107-128.

行家等）帮助企业成功（Hochberg et al.，2007）。① 因此，创业投资家为创业者带来的不仅仅是资金，更重要的在于其对创业企业的监管和价值增加活动（Smith and Lohrke，2008）。② 这种基于网络理论的视角似乎与委托代理理论背道而驰，但却是创业研究新兴的领域，为创业者与创业投资家的关系研究提供了新的思路和方法，也是对社会资本理论的一种有益补充。

（2）创业者与创业投资家的信任与创业绩效关系。不难发现，以上研究都强调了创业者与创业投资家之间的合作对风险企业成长与发展的重要性，而信任是维系这种合作关系的重要前提条件（叶瑛、姜彦福，2006；Payne et al.，2009）。然而，目前关于信任还没有一个一致的定义。尽管很多学者已经认识到这种信任对于风险企业的重要性，但目前关于创业者与创业投资家信任的文献研究很少，几乎没有学者提出任何相应的定义，这可能源于创业者与创业投资家的信任关系的高度复杂性。因此，首先需要对创业者与创业投资家之间的信任范畴进行界定。

一般认为，信任主要有三个构成要素：信任者、被信任者和环境。其中信任者是信任的主体，它可以是个体、全体、部门和组织；被信任者是信任的客体，它也可以是个体、全体、部门和组织；环境因素主要是指信任行为发生的具体情景或者事件。Mayer 等（1995）关于信任的定义是："信任是基于信任客体会依照信任主体期望的方式行事的预期，信任主体不考虑自身的防范能力，使自己处在易被信任客体伤害的境地的意愿。"这成为管理学领域比较常用的定义。据此，本书将创业者与创业投资家的信任定义为：在不确定环境下，基于双方对其另一方的意图和行为的确信

---

① Hochberg Y. V., Ljungqvist A., Lu Y. Whom you know matters: Venture capital networks and investment performance [J]. Journal of Finance, 2007, 62 (1): 251-301.

② Smith D. A., Lohrke F. T. Entrepreneurial network development: Trusting in the process [J]. Journal of Business Research, 2008, 61 (4): 315-322.

期望上并处于受损失位置的意愿所构成的心理状态。信任不是一种行为（例如，合作），也不是一种选择（例如，承担风险），而是由这些行为或选择导致的潜在的心理状态（叶瑛、姜彦福，2006）。

从企业资源观出发，本书将实证探讨信任作为一种资源与创业绩效的关系。Anderson 和 Narus（1990）指出，一旦确立了信任关系，企业共同努力的产出将超过仅建立在自身利益最大化行为上的产出。然而 Inkpen 和 Currall（1998）认为，信任缓和了战略环境带来的潜在问题，同时还发现了信任以容忍为中介与绩效之间有间接的关系。从理论上讲，信任促进创业投资家与创业企业家之间的合作，通过实现知识共享、互补资源融合、高效的治理机制等途径为创业投资家与创业者创造财富（叶瑛、姜彦福，2006），还能极大地改善企业绩效。因此，本书认为，创业者与创业投资家的信任是很有价值的，而且能够解决企业实际问题的信任也是稀缺的，竞争者要模仿这种关系需要投入感情、双方意气相投并加以维系，这是很难做到的。可见，创业者与创业投资家的信任能够为风险企业带来持续的竞争优势。

资源依赖观认为，环境不确定性在于资源的不确定性（Pfeffer and Salancik, 1978; Fligstein and Freeland, 1995），①② 这意味着新创企业需要得到相应资源（技能、技术、资金）的支持以及合理的资源配置和有力的执行。由于创业型企业不能产生足够的内部资源而自我维持，所以需要从创业投资机构等外部主体获取资源支持，从而促进生存和成长的能力，以抵抗外部环境不确定性所带来的路径依赖，克服创业型企业因"新"而"小"的特征所带来的成长困境。这意味着创业者如果从外部获取资源的数量越多，质量越好，那么新企业的资源基础条件也就越好，其存活

---

① Pfeffer J., Salancik G. R. The external control of organization: A resource dependence perspective [M]. New York: Harper & Row Publishers, 1978.

② Fligstein N., Freeland R. Theoretical and comparative perspectives on corporate organization [J]. Annual Review of Sociology, 1995 (21): 21–43.

与成长的可能性就越高，相应的创业绩效表现也就越好。换句话说，在创业过程中，创业者所整合的资源异质性程度很高，新企业竞争优势就越强，绩效表现也就越好（Chandler and Hanks，1994）。

从社会网络理论来看，组织信任是嵌入于社会网络中的。从网络的嵌入性观点来看，社会网络就成为个体与组织之间沟通的桥梁，创业者与创业投资家的信任有助于通过各自在网络中的位置和结构来获取相应的资源，而且还可以促进风险企业网络（包括信任网络）的形成，从而提高企业的创新和竞争能力，也可以借助网络结构中共同的内容和背景来减少行动的模糊性。构建网络视角的观念可以有效地引导创业者与创业投资家相互信任，实现企业持续竞争优势的管理实践活动。在动态复杂的环境下，企业持续竞争优势的实现很大程度上会受到嵌入到社会网络之中的信任的影响。在（创业者）社会资本的实证研究中，通常用网络密度（创业者与联系对象之间的关系强度：可以用交往时间来衡量）来衡量社会资本利用水平，并表明社会资本利用水平与创业绩效之间存在显著性关系（Hansen，1995）。然而在信任的研究中，交往时间一直被认为是影响人际信任的重要因素（Inkpen and Currall，1998）。因此，本书认为，作为社会资本的信任水平与创业绩效之间存在显著性关系。具体而言，创业者与创业投资家的信任水平越高，风险企业获取的创业关键资源就越多越好，从而越有利于提高风险企业的绩效水平。

（3）信任利用方式与创业绩效的关系。从本质上来看，创业就是创业者利用、开发和整合各种资源，为企业创造新价值的一系列过程。也就是说，在创业的不同阶段，企业需要不同的资源来开展创业活动。由于创业型企业自身资源的缺乏，创业者需要动用一切途径，构建各种社会关系网络，以从外部主体获取相应的资源并加以整合。事实证明，创业者社会网络是创业资源的重要来源。对于风险企业而言，创业投资家的加入不仅带来了资源，还进一步扩大了创业企业网络。一般创业投资家在经验、社会网络关系、金融专业、技能甚至素质上与创业相辅相成。创业投资家还在企业策略规划、融资、财务管理上有特长，与金融业的关系对风险企业来说也是一种财富。更为重要的是，创业者与创业投资家的信任关系将有助于更好地利用这些资源和网络，譬如，创业者网络、创业投资家网络以及风险企业创业网络，而且在企业的成长过程中，这种信任关系还会促使创业者和创业投资家尽可能通过其人际关系联系未来可能对企业发展有帮助的联系人，然后将网络聚焦于那些能提供关键资源和客户的联系人（Greve and Salaff, 2003），从而扩大自身的信任网络以及创业网络。

实际上，在创业者与创业投资家的合作过程中，他们一方面尽可能地从现有的社会网络关系中获取创业支持和帮助，另一方面致力于建立新的人际关系，扩大现有的信任网络，从而获取创业必需的资源和信息。譬如，有研究发现：在创业过程中，创业者平均每周会花费 5 个小时来建立新联系人和维持现有的联系人。① 顺着这条思路，借鉴詹姆斯·马奇（James March）有关资源探索和资源开发的观点，可以将创业者与创业投资家的信任利用方式分为开发式利用与探索式利用。就信任的开发式利用而言，主要侧重于开发利用现有创业者以及创业投资家各自的社会关系中承载的资源；对于探索式利用，主要侧重于通过一定的投入，探索和构建新的社会关系，以获取更多的外部资源。从这种意义上看，创业者与创业投资家的信任利用方式，很大程度上通过影响风险企业总体资源的数量和质量决定着创业绩效。由于时间和资源的稀缺性、有限性，创业者与创业投资家必须在开发式利用和探索式利用之间做出合理的配置。换句话说，在特定的条件下，创业者与创业投资家的信任利用方式就是创业成功的关键。

（4）信任利用方式与创业导向的关系。本质上，高科技风险企业就

---

① Aldrich H. E., Reese P. R. Dose networking pay off? A panel study of entrepreneurs in the research triangle [J]. Frontiers of entrepreneurship Research, 1994 (1): 325-339.

是一个不断创新的集合体,但关键在于创业者不断地学习,提高自身能力,从而获取和整合新的资源。青木昌彦(2001)认为,创业投资家的信息租金来源于其在初始融资阶段所掌握的意会知识所创造出的经济价值:一是创业投资家敏锐地捕捉到了创新机会,在初始阶段可以发挥预见新技术机会的独特作用,其意义不亚于预见新科学发现的方向;二是创业投资家在与创业者密切接触的机会中积累起的关于创业者才能和素质的知识。这些知识本身是不能编码化的,这种缄默知识所产生的经济效益可以采取不同的形式,如初始和后续投资的资本收益,初始融资的外在效应创造的新贷款机会等,也即创业投资家的信息加工职能表现为将初始属于意会的知识(不确定的创新机会)最终转化为明文形式(如收购合同或股票上市文件)(青木昌彦,2001)。风险企业开始时通过短期内资源供给刚性而带来的静态竞争优势,会随着时间的推移慢慢消失。随着外在环境的变化(技术的进步和政策的变化),企业竞争优势的源泉在于企业不断获取并整合资源实现创新。

创业者与创业投资家的信任网络,包含了由以往成功的创业者、部分创业投资家、律师、会计师与大机构团体、大学结成的网络联系,这种网络更容易为风险企业寻找潜在的投资机会,而且这种网络还为这些潜在的机会转变为现实的市场机会提供相应的关键资源,有助于企业先于竞争对手推出新产品或服务,从而为企业占领新的市场创造先发优势。然而这种优势的发挥关键在于市场的开拓能力(Zahra and Garvis,2000)。从市场特性来看,风险企业是企业家对新市场的一种开拓和占有的工具。但由于激烈的市场竞争,走传统的模仿道路难以获取像市场开拓者所获得的丰厚利润,价格也不再成为竞争所依赖的主要手段。于是企业只能通过对新市场的发现、开拓和占有来实现自身利润。因此,能否通过引导和控制市场,来增加企业的净价值实现收益最大化,就取决于创业者的市场开拓能力。但实际上,技术出身的创业者缺少市场开拓的知识,而创业投资家的加入无疑增加了创业者对市场的预见能力和机会能力。① 另外，创业者与创业投资家的信任还能克服环境的不确定性因素，有助于风险企业采取超前行动的战略抓住机会，并且获得竞争优势（Lumpkin and Dess，1996）。

风险企业面临越来越不确定的动态环境，需要采取大胆的、冒险的战略来应对这种环境给企业成长带来的困境。在这种环境下，不敢承担风险的企业将会失去市场份额，并且无法保持一个相对稳定的竞争优势，最终导致企业停止成长（Covin and Slevin，1991）。然而创业者与创业投资家的信任不仅会增强他们之间的合作和风险意识，还能增加企业内各个层次的信任，譬如，创业团队、员工与创业投资家之间的信任，促进企业内所有成员的努力与交流和学习，有利于企业内部知识的传递和整合，从而进一步提升企业的风险承担能力。美国最近的研究表明，创业投资家与创业者的私人关系的重要性正逐渐被重视起来。创业投资家与创业者良好的私人关系可以达到如下目的：使创业投资家熟悉新创企业具体的商业运作情况，理解创业者的思路及运作原则，建立与新创企业的沟通机制，影响创业者的决策。② 因此，创业者与创业投资家的信任在很大程度上影响创新、超前行动、风险承担的能力，进而影响风险企业的创业导向。

第三节 小结

如前所述，关于企业成长或绩效问题一直是创业管理领域研究的热点问题，但至今也未能取得共识。由于创业活动的情景性或者动态性特征，

---

① 苏晓华. 高科技企业的合约安排及其特性——基于企业家理论的研究 [M]. 北京：经济科学出版社，2005：81-83.
② 文先明. 风险投资中信息不对称及风险分析研究 [M]. 长沙：湖南人民出版社，2005：20-21.

第二章 文献综述

不同的资源组合可能会产生不同的绩效。尽管在当今高度不确定性的环境下，天生缺乏资源的新创企业获取资源变得更加艰难，其创新与可持续成长遭受了严重挑战。但是根据企业资源基础理论，各种资源都有可能成为创业过程中的关键资源，只要它是有价值的、稀有的、难以模仿的、不可替代的资源，就能推动创业活动的顺利实施，从而最终提升创业绩效。

大量的文献研究表明了创业导向与创业绩效的复杂关系。从这些研究来看，学者们还引入了相应的一些权变因素（譬如，社会资本、组织结构、战略、环境以及文化等）来探讨两者之间的关系。尽管这些研究并未得出一致的结论，但是这些研究无疑对后来者探索两者的内在规律具有积极的启示，也为解释复杂的创业活动提供了理论视角。因此，新创企业成长的关键是基于更多的理论视角重构创业导向与创业绩效的关系模型，有赖于构建不同类型企业的创业导向影响因素的新模型。

鉴于创业资源与创业导向的关系，本书认为，资源整合能力、网络嵌入、组织创业氛围、学术型创业者动机、学术型创业者资源支持、信任利用方式必然与新创企业的创业导向具有千丝万缕的关系，而这些仍未引起学者们的足够关注。据此，本书基于企业资源基础理论、社会网络理论、资源依赖理论、创业认知理论以及期望理论，大胆提出：基于资源整合能力、网络嵌入、组织创业氛围等不同视角探讨创业导向与新创企业创业绩效的关系；基于学术型创业者动机、学术型创业者资源支持等不同视角探讨创业导向与大学衍生企业创业绩效的关系；基于信任利用方式视角探讨创业导向与风险企业创业绩效的关系，从而为不同类型的新创企业可持续成长提供理论依据和实践基础。

第三章　模型构建与假设推导

第二章主要围绕本书的主题对相关研究文献进行了系统归纳和评述，旨在为本书提供详尽的理论背景和现实基础，进一步明确本书需要重点解决的问题和需要达到的目标。在此基础上，本章首先探讨创业导向的概念，合理界定资源整合能力、网络嵌入、组织创业氛围、学术型创业者动机、学术型创业者资源支持、信任利用方式等定义，以此明确创业导向的影响因素模型，为后续研究提供相应的思路；其次运用企业资源基础理论、社会网络理论等相关理论来阐述关键变量之间的内在联系，进而构建本书的理论模型；最后围绕这一模型，结合先前相关研究成果，开展理论推导进而提出本书中有待分析的假设。

第一节　相关概念与模型探讨

本书的主要内容是基于不同视角探讨不同类型企业的创业导向对创业绩效的作用机理，因此有必要对相关的变量进行界定，为后续实证研究提供理论准备。

一、基本概念

1. 创业者

20世纪70年代以来,新创企业特别是高新技术企业创业者是伴随着国外高新技术产业的快速发展而成长起来的。作为新创企业的创始人和决策者,他们在企业成长中起着核心和关键作用,主要担负着组织企业经营与管理、确定企业的发展目标和战略、在风险巨大的高新技术产业领域里把握着企业发展的技术和市场方向等重任。因此,创业者在高新技术产业的重要性,引起了国内外学者对创业者及其特征和行为的极大兴趣和广泛关注。但从目前来看,对创业者的定义还未达成一致的意见。不过,杨德林(2005)从经济学和管理学角度对创业者行为和角色研究进行了综述(见表3-1),有助于我们更好地把握创业者的定义及特征。

表3-1 创业者角色和行为的对比:经济理论与管理理论

研究角度	代表观点及人物
经济学视角	(1)"不确定性承担者"观点:这种"不确定性承担者"观点认为,绝大多数创业者的主要职责就是挑战不确定性环境、承担风险,具体可以分为三种角色——投资商、所有者和决策者,主要代表人物有坎迪隆、霍勒和奈特 (2)"协调者"观点:这种观点强调,创业者的主要职责就是负责对生产的协调指挥,主要代表人物有萨伊、瓦尔拉斯 (3)"中间商"观点:这种观点强调,创业者通过收集信息、修订计划和识别、利用市场机会以追逐利润,主要代表人物有柯兹纳、卡森 (4)"创新者"观点:这种观点强调,创业者本质上就是制定创新决策的决策者和管理者,而这种创新行为是商业周期和经济发展的根本原因,主要代表人物有熊彼特 (5)"多重角色"观点:这种观点强调,创业者承担了领导协调者、中间商、创新者和不确定性承担者等多种角色,主要代表人物有马歇尔

续表

研究角度	代表观点及人物
管理学视角	(1) "战略导向"观点：这种观点认为，对于创业者而言，其战略导向是机会驱动的，对机会十分敏感，在制定战略时只关注环境中存在的机会；对于保管者而言，其战略导向是资源导向的，在制定战略时主要考虑利用企业现有的资源 (2) "企业决策"观点：这种观点认为，对于创业者行为而言，突出果断、迅速地洞察机会、果断决策，强调决策方案创新、迅速执行决策；对于保管者行为而言，突出以稳为主，强调渐进、迟缓决策，以及决策方案折中、缓慢执行决策 (3) "资源获取方式"观点：这种观点认为，创业者考虑在利用机会执行决策中需要何种必要的资源，试图以最少的资源创造价值最大化；对于保管者而言，期望在实施决策、计划时，一次性获取和拥有大量的资源，依靠这些资源运营企业、避免风险 (4) "资源控制方式"观点：这种观点认为，创业者倾向于采用市场交易方式，以临时性地使用契约或租用方式广泛利用市场中的资源；保管者倾向于将所有资源都置于企业组织内部，以企业组织控制各种资源 (5) "管理组织结构"观点：这种观点认为，创业者为了洞察机会、有效利用资源，需要建立含有非正式网络组织的扁平式组织结构；保管者需要通过正式组织授权控制组织所有的资源，因而要建立正式层级组织 (6) "报酬政策"观点：这种观点认为，创业者制定报酬政策的基础和依据是企业绩效，倾向于采用股票、分红的方式；而保管者制定报酬政策的基础和依据是企业资源，倾向于采用工资和职位提升的方式

资料来源：杨德林. 中国科技型创业家行为与成长 [M]. 北京：清华大学出版社，2005：5-19.

在英文中，创业者一般用"Entrepreneur"表示，通常理解为即将创办新企业或者刚刚创办新企业的领导人。但是，"Entrepreneur"还有一种含义是指企业家，即在现有企业中负责经营和决策的领导人。有学者认为，创业者与企业家是不完全相同的，创业者可能由于成功地使创业型企业健康成长，通过自我提升逐渐转换为企业家，否则，将由职业的企业家来管理企业。因此，创业者未必能够成为企业家，同样，企业家也不一定就是创业者出身。其实，创业者和企业家只是两种不同的职业称谓，两者在创业过程中紧密相关。但出于本书特定的研究对象，所以倾向于使用创业者这一术语。

从表 3-1 中的定义来看，国外学者更多地强调了创业者的特征和功能，但这种定义方法遭到了批评，创业研究的权威学者 Scott（2001）指出："有些学者将创业者定义为具有某些具体特征和功能的人，然而，只有当所有的创业者实际上都具有这些特征和功能，而且这些特征与功能只有创业者都具有时，这样的定义才是可能的，并被接受的。然而这不太可能。定义并不是要通过建立严格的界限来制造禁止，而是试图证明不同的焦点问题。"① 创业者具有的特征与功能是一个人成为创业者的必要条件而不是充分条件。

从目前来看，国内学者对创业者的定义主要可以分狭义和广义两种（林强等，2001）。狭义的创业者是指参与创业活动的核心人员。该定义避免采用领导者或者组织者的概念。因为在当今的创业活动中，高新技术的含量越来越大，离开了核心的技术专家，很多创业活动都无法进行，核心的技术专家理应成为创业者。事实上，很多创业活动最早都是由某项特定成果的技术专家发起的。广义的创业者是指参与创业活动的全部人员。在创业过程中，狭义的创业者将比广义的创业者承担更多的风险，也会获得更多的收益。

雷家骕等（2001）认为，创业者是指活跃在企业创立和成长阶段的企业经营者，或者是创业活动的推动者（创业者并不等于企业家，因为创业者可能还没有经营企业，或者还不具备企业家必备的某些个人品格）。在新创企业成长的过程中，经过市场拼搏、竞争中大浪淘沙，才可能有一部分创业者成为真正的企业家。②

相比之下，香港创业学院院长张世平对创业者的定义更为宽泛。他将创业者定义为一种主导劳动方式的领导人，是一种无中生有的创业现象，

---

① Scott S. A. Where is entrepreneurship research heading? [P]. Key Note Talk on Conference on Technological Entrepreneurship in the Emerging Regions of the New Millennium Singapore, 2001: 28-30.
② 雷家骕，冯婉玲. 高新技术创业管理 [M]. 北京：机械工业出版社，2001.

是一种需要具备使命、荣誉、责任能力的人,是一种组织、运用技术、器物作业的人,是一种具有思考、推理、判断的人,是一种能使人追随并在追随的过程中获得利益的人,是一种具有完全权利和行为能力的人。

综合以上的观点,本书将创业者定义为:在不确定环境下,锐意创新并整合资源,发掘并实现潜在机会价值的个体或群体。顾名思义,风险企业创业者就是指那些具有深厚的科技知识背景,对本领域的技术发展前景具有洞悉力,并不断创新市场提供创业服务和创业价值的企业所有者和经营者。大学衍生企业创业者,也称学术型创业者,即为将新知识、技术或发明商业化而创建新企业的大学实验室的研究人员,从事技术发明研究的大学教师、科学家(Benneworth,2005)。①

在关于创业者的理论研究中,创业者特质研究一直成为国外学者们关注的重点领域。因为创业者个性特征不仅可以激发创业者个人开创新的创业活动,而且对创业成功起到促进作用。② 相对而言,国内对创业者特质理论进行理论与实证研究的比较少,其中姜军等(2005)从经济学、管理学、社会学以及心理学四个不同的视角对创业者特质进行了归纳,而杨德林(2005)针对中国情景对创业者特质进行了有益的实践探索,并基于中国高新技术企业创业者特征的统计数据得出了成功科技型创业家的典型特质,主要包括以下几个方面:创业者对事业的全身心投入;开拓事业与追求个人财富;具有个人领导才能和团队协作精神;具有冒险精神与精心策划能力;具有学习精神与学习能力。

最初对学术型创业者特质的分析主要是评价其个性特征对创业的影响。如 Roberts 等(1991)研究发现,MIT 的技术创业家通常会表现出高

---

① Benneworth P., Charles D. University spin-off policies and economic development in less successful regions: Learning from two decades of policy practice [J]. The Journal of Technology Transfer, 2005, 30 (1): 49-56.

② Carland J. C., Carland J. W. An empirical investigation into the distinctions between male and female entrepreneurs and managers [J]. International Small Business Journal, 1991, 9 (3): 62-72.

度的独立性需求、中度的成就需求和低度的关系需求。在学者、大学新创企业、大企业之间存在着复杂的内在联系。通常一个学者要在相同类型的企业中处理多样化的同产业间的关系。实际上，这些早期的很多关键行为就促进了学术型创业者的产生。Zucker 等（1998）和 Zucker 等（2001）则证实大学衍生企业的产生是由于"明星科学家"的出现。Shane（2004）提出了"学者生命周期模型"（Academic life cycle models），认为学者创业一般在职业发展后期，先前已投资了他们的人力资本开发，创业时他们拥有较高的学术地位。

2. 创业导向

创业导向（Entrepreneurial Orientation，EO）研究始于 20 世纪 70 年代，源于战略管理领域内学者对战略决策模式的研究。创业导向不但是描述企业从事追逐于新事业、应对环境变化的一种特定心智模式，而且也提供了一个分析企业整体精神氛围的有用框架。近年来，国内外学者对创业导向的研究兴趣不断高涨，主要原因在于创业导向能够激发企业员工的自主行动，促进企业更新现有组织结构并增强其市场竞争力。但目前创业导向还没有一个明确的定义。

Miller（1983）认为，创业导向是企业为获取持续竞争优势，在创业过程中所采取的一系列举措与承诺，反映了企业通过持续的创新与创业行为来实现不断增长的决心与态势。Covin 和 Slevin（1989）将创业导向视为一种"创业的姿态"。Stopford 和 Baden-Fuller（1995）将创业导向界定为产生于对新资源重新整合的要求和预期，这种整合能够产生并利用新的能力。① Aloulou 和 Fayolle（2005）将创业导向看作是小企业有效的战略导

---

① Stopford J. M., Baden-Fuller C. W. F. Creating corporate entrepreneurship [J]. Strategic Management Journal, 1994, 15（7）：521-536.

向，是市场导向、技术导向和股东导向等多种战略导向的综合反映。①

从上述学者对创业导向的界定来看，创业导向就是创业者用于创业的方法、实践和决策体系，本质上是企业的一种战略决策模式，是一种通过有目的的执行而获得成功的行动性战略。目前较为公认的关于创业导向的概念是由 Miller（1983）提出来的，并由 Lumpkin 和 Dess（1996）所完善：创业导向是指创业者在选择战略行动时倾向于积极承担企业活动中产生的风险、乐于接受改变和创新以获得竞争优势并采用积极主动的措施与竞争者竞争的倾向。也就是说，创业导向是强调企业进行战略选择时的一种倾向或态度。这个定义为绝大多数学者所引用。据此，本书也采用这种定义。

从现有的研究文献来看，学者们对于创业导向的维度界定仍存在分歧。不过，目前研究创业导向主要通过两个层面来进行测量：一是创业导向的大小反映了企业致力于创业活动的强度；二是创业导向的维度反映了创业行为的特征。

Miller 和 Friesen（1983）认为，创业导向应包括创新性（Innovativeness）、行动超前性（Proactiveness）和风险承担性（Risk-taking）这三个维度，而且对于创业型企业而言这三个维度应同时具备。创新性是指企业从事和支持能够产生新产品、新服务或新工艺的新思想、新实践、新创造等倾向，风险承担性是指企业愿意承担债务、大量资源承诺，通过抓住市场机会获取高额回报的态度，行动超前性则指企业通过预测未来需求并改造环境，来寻求能够比竞争对手更早引入新产品或新服务的市场机会（Miller and Friesen, 1983; Lumpkin and Dess, 1996）。

Miller（1983）及其追随者认为三个维度是密不可分的，如行动超前

---

① Aloulou W., Fayolle A. A conceptual approach of entrepreneurial orientation within small business context [J]. Journal of Enterprising Culture, 2005, 13 (1): 21-45.

性高的企业必将同时表现出高风险承担性,因为行动超前性高的企业在追求机会的过程中大胆尝试,勇于承担风险。一个创业型企业如果缺乏风险承担性或行动超前性,那么只能采取简单的模仿战略,则算不上是创业型企业。因此,他们在实证研究中通常对三个维度加总或求均值来测量创业导向。尽管 Covin 和 Slevin (1989,1991) 也同意这种三维度观点,但他们认为这三种维度应被组成一个基本的、变动方向一致的集合同时加以运用。

随后,越来越多的学者在研究中发现,创业导向应该是一个多维度(构面)的概念,并且针对它们之间的独立性展开了研究。Lumpkin 和 Dess (1996) 在研究中指出,单一维度的测量会限制创业导向对不同类型的创业活动的解释力,从而忽略了创业导向的不同维度对创业导向整体概念的独特贡献。因此,他们认为,创业导向并不局限于以上三个维度,因此在 Miller 的基础上增加了两个维度,即自治性(Autonomy)和竞争侵略性(Competitive Aggressiveness)。自治性是指个体或团队提出创意并付出行动的独立性程度,表现为员工在利用机会时的自我控制能力以及资源的可获得性。自治性与创业过程高度相关,是创业型企业区别于保守型企业的主要特征。竞争侵略性是指企业通过挑战竞争对手实现市场进入,以提高市场地位的策略,反映了企业超越行业内竞争者的倾向。竞争侵略性的一个特点是快速反应,如企业受到竞争对手的进入威胁,能够迅速采取降价措施以应对竞争对手的威胁,甚至不惜亏损来捍卫其市场地位。① 此外,他们还认为,创业型企业不必同时具备以上五个维度的特征,在一定情景下,这五个维度是可以相互独立的,并对企业绩效有不同程度的影响。譬如,竞争侵略性表示企业对环境威胁的主动反应,其可能是主动性的,也可能是被动的(如捍卫市场地位)。主动性表现在侵略性地进入竞

---

① 姚先国,温伟祥,任洲麒. 创业导向与企业绩效的关系:国外研究进展 [J]. 技术经济,2008 (4):35-39.

争对手的市场，也可以是对竞争对手的侵略性行为的反应，如提前降低价格。先动性则是企业主动预测并对未来的需求做出实际行动的过程。因此，先动性和竞争侵略性是两个独立维度。

Jambulingam 和 Doucette（2005）在创新性、行动超前性、风险承担性、自治性和竞争侵略性这五个维度的基础上又增加了激励性维度来构成创业导向，激励性主要指激励员工努力工作和正面挑战的意识。①

综上所述，国外大多数都是基于多维度研究创业导向的，并且主要是基于 Miller 的三维度的研究，事实上这也与国内学者的研究相一致（薛红志，2005，2006；李其玮、李丹，2007；魏江、焦豪，2008），而从 Lumpkin 和 Dess（1996）提出的五维度进行研究的很少（Covin and Slevin，1989；Hughes and Morgan，2007）。由于不同环境下的企业表现出不同的维度结构，据此，本书主要采用三维度进行分析，即创新性、风险承担性和行动超前性，其中创新性是指企业从事发展新创意、实验和研发活动而创造新的产品或服务的倾向，行动超前性是指企业有能力发展新市场或以新的产品或者服务取代现有竞争者的倾向，风险承担性是指企业对不确定性的新事业投入大量资源的倾向，它们共同组成了一个基本的没有维度的战略导向（Covin and Slevin，1989）。

3. 资源整合能力

企业能力学派认为，企业整合各种资源构建其能力体系，并通过企业间学习完善企业能力是一种重要的企业价值创造形式。Teece（1992）指出，在如今的经济环境中，企业的竞争优势不仅来源于独特的资源，而且也来源于配置这些资源的方式。Mahoney 和 Pandian（1992）认为，把潜

---

① Jambulingam T. R., Doucette W. R. Entrepreneurial orientation as a basis for classification within a service industry: The case of retail pharmacy industry [J]. Journal of Operations Management, 2005, 1 (1): 1-23.

在资源转化为企业活动和行为就是企业能力的体现。Amit 和 Schoemaker（1993）将能力定义为，在资源组合过程中，企业应用组织流程实现目标而配置资源的能力。Brush 等（2001）对如何构建创业型企业的资源基础进行了深入分析，将创业型企业的资源整合过程归纳为集中资源、吸引资源、整合资源、转化资源四部分。Simon 等（2007）的研究虽然是针对美国家族企业的，但他们提出了一个比较系统的三阶段资源管理过程模型：资源构建（Structuring）、资源绑聚（Bundling）和资源利用（Leveraging）三个阶段。

综合以上观点，本书认为，资源整合能力（Resource Integration Competence, RIC）是在整个创业过程中，新创企业识别、获取、配置以及运用资源的一种动态能力，可以从资源识别能力（Resource Identification Capability, RIC1）、资源获取能力（Resource Acquisition Capability, RAC1）、资源配置能力（Resource Allocation Capability, RAC2）以及资源运用能力（Resource Utilization Capability, RUC）四方面来测量。

4. 网络嵌入

网络嵌入（Network Embeddedness, NE）概念由 Polanyi（1957）提出，而网络嵌入成为管理学的重要视角还应归功于 Granovetter（1995）所作的贡献。他认为，企业行为总是嵌入特定的社会结构中，而社会结构的核心就是特定的个人之间的一组独特的联系，即社会网络。[①] 也就是说，企业总是嵌入社会网络中的。因此，网络嵌入是指一个企业内部或者企业间由于过去的交往和联系而逐渐形成的日常化和稳定的联系（张方华，2010）。网络结构和网络联系的特点反映了网络嵌入的不同维度。Granovetter（1995）将网络嵌入区分为结构性嵌入和关系性嵌入，但 Na-

---

① 李久鑫，郑绍濂. 管理的社会网络嵌入型视角 [J]. 外国经济与管理，2002（6）：2-6.

hapiet 和 Ghoshal（1998）以及 Tsai 和 Ghoshal（1998）的研究也表明，网络的认知性嵌入对组织的智力资本的产生和积累具有非常重要的影响，而后者是构建企业竞争优势的重要源泉。①

本书从结构性、关系性和认知性三方面来测量网络嵌入。结构性网络嵌入（Structural Network Embeddedness，SNE）是指一个企业行为受到其所嵌入的网络联系和网络结构的整体模式；关系性嵌入（Relational Network Embeddedness，RNE）是指企业成员在社会互动过程中建立起来的具体的人际关系；认知性嵌入（Cognitive Network Embeddedness，CNE）是指提供组织内或组织间共同理解的表达、解释与意义系统的那些资源。

5. 组织创业氛围

研究表明，新创企业成长的可持续性有赖于组织在不同阶段塑造鼓励和支持创业创新的良好气氛（王燕飞、朱瑜，2005）。组织气氛源于 Lewin 等（1939）的开创性研究，并逐步成为识别组织内在差异的重要特征。组织气氛就是一种对组织环境的个体成员感知，同时包含环境对组织个体的影响（李建华、沈海燕，2006）。因此，从组织气氛的一般界定推演可以认为，组织创业气氛（Organizational Entrepreneurial Climate，OEC）就是组织成员对组织创业环境特征的整体感知，并将创业目标具体为新的产品和服务从而不断提升创业能力的环境氛围。

本书从创业认知观出发，尝试将组织气氛与创业进行耦合研究。实质上，就是对组织气氛进一步解构，诸如研究组织创新气氛、战略气氛、安全气氛、伦理气氛一样。因此，研究的关键在于确定组织创业氛围的核心维度。从现有的文献来看，尽管类似测量组织气氛、创新气氛的量表比较成熟，但对于创业气氛的实证研究还不多见（李晶，2008）。不过，越来

---

① 郭毅，罗家德. 社会资本与管理学 [M]. 上海：华东理工大学出版社，2007：39-50.

越多的学者倾向于认为,组织创业气氛是一个多维度的概念,单一维度不具备良好的结构与内容效度。为此,依据组织气氛、创新气氛的相关研究成果,① 并结合李晶(2008)和庞涛(2003)的实证研究,本书将从创新支持、目标认同、工作自主、诚信互动、外在导向等方面来测量组织创业气氛。其中,创新支持是指组织成员是否愿意为组织的创新活动提供所需要的资源(包括物质和精神等方面的支持与鼓励),并为提升能力提供机会的感知;目标认同是指组织成员对创业目标赞成、实现的态度和愿望,以及结合组织目标实现个人目标可能性的感知;工作自主是指组织成员对组织是否创造人性化的工作环境支持个人工作的自主性的感知;诚信互动是指在创业过程中组织成员对彼此之间是否相互信任、共享信息并积极面对各种压力和挑战的感知;外在导向是指组织成员对组织是否关注与外部环境互动的过程并适当采取和改变行为的感知。

6. 学术型创业者动机

在大学技术转移实践中,由于大学专利技术实施的比率一直偏低,所以大学很少从技术许可活动中获得满意的收入流(Swamidass and Vulasa, 2008),例如,在中国,2007年大学专利技术分别上升到8216件和5502件,但平均专利实施率不到50%。虽然政府和一些公共基金对大学的科研投入在不断增加,例如,1997年高校科技经费中36.5亿元来源于政府资金,2007年上升到345.4亿元,但高校所从事的R&D支出占全国R&D支出的比例并没有增长,一直维持在10%左右(相对于企业的R&D支出不断提高)。因此,大学需要一种自我维持的机制或者说探讨新的技术转移模式去提高创新能力和效率,而大学衍生企业的产生将成为一个有前途的备选方案。

---

① 孙锐. 中国企业组织创新气氛结构实证研究[J]. 科研管理, 2009, 30(1): 38-43.

第三章 模型构建与假设推导

知识溢出型创业理论（Acs and Armingtom，2006；Acs and Audretsch，1987）解释了大学衍生企业的产生。这一理论的基本命题是，在一个组织环境下（如大学实验室）创造的新知识、新创意，由于存在很高的不确定性，很难获得预期的各种产出的价值。现有组织由于固有的结构惰性，在不确定性条件下会作出维持现状，而不是对新知识采取商业化行动的决策。因此，就存在知识过滤或溢出，其他人或组织（通常是大学外的小企业）会商业化这些新知识，通过建立新企业将这些知识商业化或资本化。高山行、范陈泽和江旭（2006）认为，"技术信息溢出"的信息存在真实和虚假之分，企业在进行技术研发之前和研发过程中，都需要充分研究专利文献的专业技术知识，避免研发成本成为沉没成本；同时企业在研发过程中更需要甄别溢出的信息，防止被虚假的信息所蒙蔽。因此，最合理的解决办法似乎是大学自己独立地将研究成果商业化，如建立创业型大学，建立校办科技衍生企业，即大学衍生企业，它就是为从商业上开发大学所产生的一些新的知识、技术或研究结果而创建的新企业，① 或者说是基于大学发明而创建的新企业。需要注意的是，大学知识溢出一部分是向产业（新小企业）转移或大学内部从发明者向非发明者转移，另一部分是大学学者（包括大学实验室的研究人员，从事技术发明研究的大学教师、科学家等）自己创办企业将知识内部化，而本书的研究对象主要是后者，本书将这类创业者统称为学术型创业者。

目前，大学衍生企业作为科学研究成果转化为市场产品的一种有效转换机制，正在受到学者、企业家、政府官员们的重点关注（Ndonzuau，2002）。甚至有学者通过对中国大学衍生企业进行研究后认为，在一个产学伙伴之间的信任程度低或知识产权保护不是很有效的国家或地区，衍生

---

① Benneworth P., Charles D. University spin-off policies and economic development in less successful regions: Learning from two decades of policy practice [J]. The Journal of Technology Transfer, 2005, 30 (1): 49–56.

企业的形成是新知识商业化的唯一选择（Kroll and Liefner，2008）。然而，自从市场导向改革以来，中国大学的目标和使命趋向多元化，不断开发大学教师和学校资源、承担服务于经济发展的大学"第三使命"的压力，也往往使大学陷入"三"难困境：培养人才、学术创新与经济收入之间的矛盾。也就是说，学术型创业者不同于一般的产业创业者，他们扮演了多重角色。虽然他们的专业技术能力很强，但是普遍缺乏从事商业活动的经验和技能，缺乏相应的经济管理知识，对技术成果的市场价值评估往往有失偏颇。在这种背景下，中国学术型创业者基于何种原因决定创办企业将自己创造的知识内部化呢？正如 Lacetera（2009）指出的那样，在有些情况下，学者不愿意将其研究商业化，因为放弃研究的机会成本太高，这些研究能使他获得学术界的最高认可。然而在另外一些情况下，学者可能为追求更多的盈利更快地将研究成果商业化，减少基础研究；而能够获取商业开发潜力的技术、大学基础设施支持以及个人利益的可能性为学者们创业提供了重要动机。因此，在进入时机和成本效率之间存在权衡，一个自我选择机制就提出来了。一般而言，大学学者只有当潜在价值很好的时候才可能去商业化其成果。由此可见，学术型创业者动机在不同的环境下具有其独特性。

认知心理学认为，动机代表人们去追求和实现想要达到的目标而努力的内在意愿，它构成了人类最重要的行为基础。① 尽管创业动机是研究创业行为和创业绩效的重要基础，但是由于学者们研究目的和角度、创业者个性特征以及所处环境的差异，导致创业动机至今还未达成一致的概念。Shane（2002）视创业动机为驱动个体创业的意愿和自发性，它激励创业者去寻找机会、把握机会，实现创业成功。从这个意义上讲，创业动机可以理解为导致个体创业的心理倾向和内在动力，这也是区分创业者和潜在

---

① Weiner B. An attributional theory of achievement motivation and emotion [J]. Sychological Review, 1985, 92 (4): 548-573.

创业者的重要区别。因此,创业者动机被看作是创业者通过经营企业的所有权来寻求的目标,而创业者的目标决定了其行为模式,进而决定创业活动的成功与否。① 基于此,学术型创业者动机(Academic Entrepreneur's Motivation, AEM)可以定义为引起和维持学术型创业者从事创业活动,并使活动朝向某些目标的内部动力。它是隐藏在创业行为背后的驱动力,能鼓励和引导创业者为实现创业成功而努力行动。

7. 学术型创业者资源支持

学术型创业者资源支持(Academic Entrepreneur's Resource Support, AERS)实质上就是创业者获取各种资源以实施技术转移、推动创业和创新的一系列组织活动。学术型创业者不同于一般的创业者,虽然他们的专业技术能力很强,但是普遍缺乏从事商业活动的经验和技能,缺乏相应的经济管理知识,对技术成果的市场价值评估往往有失偏颇,因此学术型创业者们最需要的就是获得创业管理方面的帮助和支持(李昱,2005)。可以说,学术型创业者的成功并非轻而易举,在创业过程中会遇到很多的障碍因素,譬如,母组织的特征、与母组织的冲突、政府政策、技术转移过程、创业者特征、创业团队形成(Steffensen et al., 1999)等。因此,在此基础上,乔俊杰和闫科(2008)总结了大学高科技衍生企业创建和成长过程中的关键资源支持,其研究表明,大学衍生企业的资源支持可分为直接支持和间接支持,其中直接支持主要包括政策支持、资金支持、基础设施支持以及信用支持等方面;而间接支持主要是社会资本支持(Cooper et al., 1994; Ajay et al., 2004; 陈劲等, 2006)。

结合以上分析,本书主要从创业管理支持、政策支持、大学资金支持、基础设施支持、信用支持以及社会资本支持等方面来测量学术型创业

---

① Robichaud Y., Egbert M., Roger A. Toward the development of a measuring instrument for entrepreneurial motivation [J]. Journal of Developmental Entrepreneurship, 2001, 6 (2): 189-201.

者资源支持。其中,创业管理支持是指学者在创业过程中获取从事商业活动的各种管理技巧和专业知识的帮助;政策支持是指所在大学鼓励其学者创业在业绩考核、待遇薪酬等方面所制定的相关激励政策;大学资金支持是指学者利用所在大学声誉获取外部机构的资金支持以及所在大学为其提供拨款和融资支持;基础设施支持是指所在大学为学者提供相应的科研条件,或者创建大学科技园、购买孵化器为其提供基础设施支持;信用支持是指所在大学为支持学者开展业务活动提供相应的信用担保;社会资本支持是指学者利用所在大学的社会网络获取其他企业或者相关机构的信任并迅速构建自身的社会关系网络来为创业服务。

8. 信任利用方式

企业资源学派认为,企业是一系列资源的集合体,当这些资源具有有价值、稀缺性、不可替代性和不可模糊性的特征时,就能为企业带来高绩效。Teece(1992)指出,在如今的经济环境中,企业的竞争优势不仅来源于独特的资源,而且也来源于利用这些资源的方式。在创业者与创业投资家的合作过程中,他们一方面尽可能地从现有的社会网络关系中获取创业支持和帮助,另一方面致力于建立新的人际关系,扩大现有的信任网络,从而获取创业必需的资源和信息。譬如,有研究发现:在创业过程中,创业者平均每周会花费 5 个小时来建立新联系人和维持现有的联系人。①

顺着这条思路,借鉴 March(1991)、Levinthal 和 March(1993)有关组织学习理论的观点(即组织学习可分为知识探索模式和知识开发模式),可以将创业者与创业投资家的信任利用方式(Use Ways of the Trust,UWT)分为开发式利用与探索式利用。马奇认为,开发的本质在于利用

---

① Aldrich H. E., Reese P. R. Does networking pay off? A panel study of entrepreneurs in the research triangle [J]. Frontiers of Entrepreneurship Research, 1994 (1): 325-339.

已有的事物，即主要偏向于利用组织内既有的知识，而探索的本质在于寻求新的事物，即注重挖掘、沉淀、积累新知识（March，1991）。将此观点运用到本书中，我们发现：就信任的开发式利用而言，主要侧重于开发利用现有创业者以及创业投资家各自的社会关系中承载的资源，即主要维持并利用现有网络中的人际关系；对于探索式利用，主要侧重于通过一定的投入，探索和构建新的社会关系，以获取更多的外部资源，即认识并建立新的人际关系网络。

二、不同类型企业的模型构建：不同视角

1. 新创企业创业导向与创业绩效关系模型：资源整合能力视角

尽管创业在增加就业、增加新的市场能力、激励和扩大创新、增加产品或服务品种、直接推动高新技术产业化以及促进地区经济增长和增进社会福利等方面具有重要作用，但是我国新创企业特别是高新技术企业成长状况并不理想。其主要原因在于：一方面企业自身缺乏相应的关键资源；另一方面企业面临更加复杂、动态的不确定性环境，从而带来企业成长的路径依赖（Shane，2001）、技术制度环境障碍（Collins，2003；Lee and Peterson，2000；Ahlstrom and Bruton，2002）以及管理危机（譬如，不确定环境加大了创业者信息处理的难度，减少企业计划活动，使创业者产生很大的压力和焦虑），它们的创新和可持续发展遇到了严重的挑战（Bruce et al.，2006）。因此，新创企业快速成长的关键因素就是提升资源整合能力。

但从目前的文献来看，基于资源视角的研究相对较少而且很不系统，其代表人物主要有 Brush 等（2001）和 Simon 等（2007）。不难看出，创业资源的代表性研究出现的时间较晚，对新创企业的资源整合过程关注则

更少(马鸿佳,2008)。另外,创业导向与新创企业绩效的研究兴趣不断高涨,日益受到学术界和企业界的普遍重视,这源于在动态的竞争环境下,创业导向能支持创新行为,促使创业行为的产生,成为企业获得优异绩效的有效选择。

因此,依据企业资源基础理论,本书探讨资源整合能力、创业导向与创业绩效三者之间的关系属于创业研究的前沿问题,其研究框架如图3-1所示。

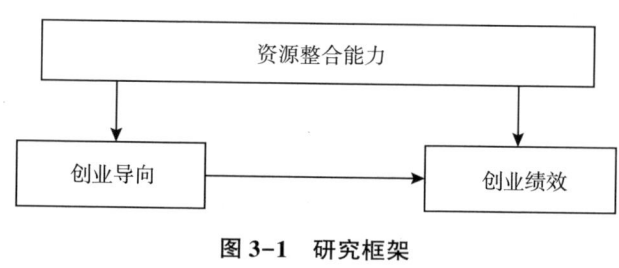

图3-1 研究框架

2. 新创企业创业导向与创业绩效关系模型:网络嵌入视角

在不确定环境下,通过网络嵌入获取创业所需的资源已成为新创企业克服成长劣势的有效选择(张方华,2010)。企业总是嵌入在与其联系的各种社会网络中,而网络的密度、位置、规模、集中度等结构特征决定了企业获取资源的数量和质量(Granovetter, 1973; Gulati, 1995a; Gulati, 1995; Hansen, 1999),从而也就决定了企业的经济绩效和水平(Granovtter, 1995; Uzzi, 1997; Owen-Smith and Powell, 2004; McEvily and Marcu, 2005)。从目前的文献来看,网络嵌入对企业成长的促进作用也得到了大量实证研究的支持(Julia et al., 2009; Hampton et al., 2009; Hallen, 2008; 李新春、刘莉, 2009; 吴冰等, 2009; 吴晓波等, 2007),但网络嵌入对创业绩效的中间路径还缺乏深入的研究(朱秀梅、费宇鹏,

2010)。也就是说，通过网络嵌入获取的资源如何有效地克服企业成长的路径依赖（Shane，2001）、技术制度环境障碍以及管理危机并转化为企业的竞争优势还不明晰（Collins，2003；Ahlstrom and Bruton，2002；Lee and Peterson，2000）。

但从目前的研究来看，作为新创企业战略取向的重要变量，创业导向被认为是衡量新创企业组织过程有效性的最有效方式（Lumpkin and Dess，1996）。由此，创业导向与新创企业绩效关系的研究兴趣不断高涨，日益受到学术界和企业界的普遍重视，这主要源于创业导向能支持创新行为，促使创业行为的产生，成为企业获得优异绩效的有效选择（Zahra，1991；Wiklund，1999；Wiklund and Shepherd，2003）。因此，基于资源观和网络理论，本书从网络嵌入与创业导向的视角探讨新创企业绩效水平的问题（见图3-2），对新创企业可持续成长具有重要的指导意义。

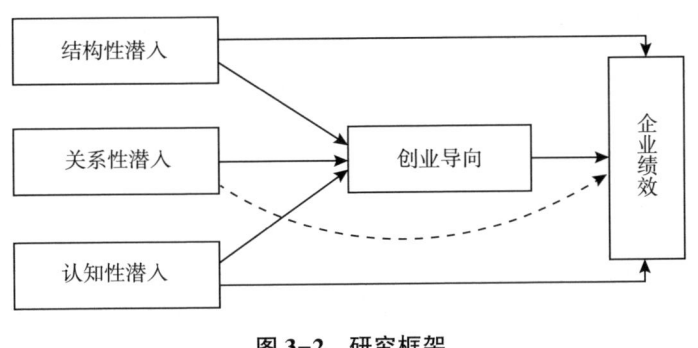

图3-2　研究框架

3. 风险企业创业导向与创业绩效关系模型：组织创业氛围视角

创业导向提供了一个应对不确定环境所产生的组织危机极好的战略基础，成为创业研究中具有一定知识性积累的重要领域。但诸多关于创业导向的研究得出的结论却模棱两可，譬如，一些研究表明，创业导向能促进创业绩效提升;而另一些研究发现两者关系不显著、负效应,并且还可能受到众多第三方变量的影响。因此,从创业导向到创业绩效并不是简单的线性关系,需要深入探索其中的内在转化路径以及影响转化效果的影响因素(Lumpkin and Dess,1996;Rauch,2009)。

事实上,创业本身就是一个非常复杂的动态过程,主要涉及创业者、资源、机会、组织等重要构成因素,因此,不同的理论视角(譬如,人类学、组织理论、资源基础观等)形成了不同的研究思路和研究模型,但从认知理论来解释创业过程或绩效问题还不多见。认知理论强调个体知觉、行为、环境三方因果交互关系,这为创业研究提供了重要的新视角。大量研究表明,在认知理论框架内,作为企业无形资产的组织氛围也是绩效(竞争优势)预测的重要研究变量(Anderson and West,1998)。然而在创业领域,组织气氛如何影响创业绩效?其作用机理又如何呢?目前鲜有研究。为此,本书试图基于创业认知视角,实证探讨组织创业气氛、创业导向以及新创企业绩效之间的关系(见图3-3),这有助于进一步深化创业过程研究,也为实践创业活动的评价提供重要的理论依据。

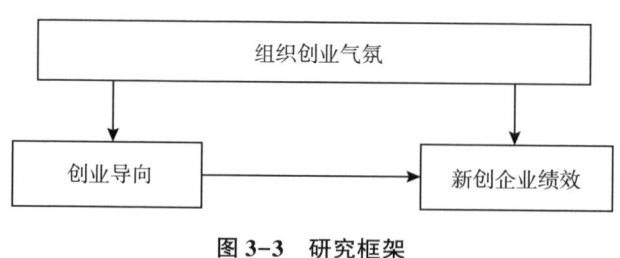

图 3-3 研究框架

4. 大学衍生企业创业导向与创业绩效关系模型:创业者动机视角

20世纪80年代以来,大学的使命和角色开始拓展,逐渐演变成科学研究成果转化为市场产品的一种"有前途"的方式,并直接推动了就业、技术创新和地方经济发展(Carayannis et al., 1998; Steffensen et al., 1999; Shane, 2004; Kroll and Liefner, 2008),因此日益受到大学、产业企业、政府等相关利益者的持续关注(Ndonzuau, 2002; Meyer, 2003; Landry et al., 2006)。然而,近年来中国创办的大学衍生企业(University spin-offs, USOs)相对于其他科技创业型企业而言,并没有产生明显的竞争优势,例如,衍生企业数量从 2000 年以后开始减少(2000 年有 5451 个,2007 年下降到 4563 个),财务绩效在下降,大学知识资源优越性相对降低。① 因此,进一步研究这类企业的可持续成长,对提高大学技术转移效率、制定我国大学的发展战略具有重要的实践意义。

从目前文献来看,对大学衍生企业的研究主要基于其内涵和分类、学术型创业者特质、演变过程(模式)、技术转移机制及其社会影响等方面(王小平、高亮华,2003;赵英、李小宁,2004;杨德林等,2007;张书军、苏晓华,2008),从创业动机角度进行研究的相关文献甚少。事实上,创业动机是创业者创业的基本推动力,直接影响一个企业的成功与否(Robichaud et al., 2001)。另外,在动态的不确定环境下,创业导向也会极大地影响创业绩效(Lumpkin and Dess, 1996; Lyon et al., 2000),由此创业导向与新创企业绩效关系的研究兴趣不断高涨,日益受到学术界和企业界的普遍重视,这主要源于创业导向能支持创新行为,促使创业行为的产生,成为企业获得优异绩效的有效选择(Zahra and Covin, 1995; Wiklund, 1999; Wiklund and Shepherd, 2003)。此外,期望理论是解释人类动机和行为关系的主导性理论框架(Olson et al., 1996; Edelman et al., 2010)。因此,本书基于期望理论视角试图实证探讨学术型创业者

---

① Jong-Hak E., Lee K., Wu G. Explaining the University-run enterprises in China: A theoretical framework for university-industry relationship in developing countries and its application to China [J]. Research Policy, 2006, 35 (9): 1329-1346.

动机、创业导向与大学衍生企业绩效三者之间的关系,其研究框架如图 3-4 所示。

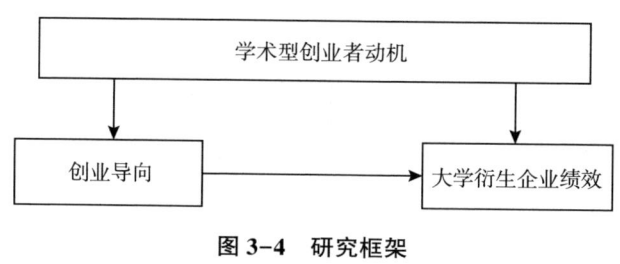

图 3-4　研究框架

5. 大学衍生企业创业导向与创业绩效关系模型:创业者资源支持视角

大学衍生企业作为科学研究成果转化为市场产品的一种"有前途"的方式,正在受到大学、产业企业、政府等相关利益者的持续关注(Ndonzuau,2002)。甚至有学者通过对中国大学衍生企业进行研究后认为,在一个产学伙伴之间的信任程度低或知识产权保护不是很有效的国家或地区,衍生企业的形成是新知识商业化的唯一选择(Kroll and Liefner,2008)。然而近年来,中国许多大学创办的衍生企业,相对于其他科技创业型企业而言,并没有产生明显的竞争优势,有关数据显示,自2000年以来,衍生企业数量不断减少,不仅降低了财务绩效水平,而且难以体现大学知识资源的优越性。因此,研究这类企业的成长性策略,对于制定我国大学发展战略、提高大学技术转移效率具有重要的实践意义。

事实上,在这些大学衍生企业的成长过程中,学术型创业者,即具有高等院校理工科教学与研究工作背景的创业者,作为不断壮大的企业家少数群体的作用越来越突出(陈劲、朱学彦,2006;Mosey and Wright,2007)。从创业本质来看,大学衍生企业成长的过程也就是学者整合创业资源、形成产品（或服务）并创造价值的过程。但在这一过程中，学术型创业者由于其所处的大学环境差异，譬如，大学声誉、大学鼓励政策等，从而导致他们获取创业所需的资源支持也不尽相同（乔俊杰、闫科，2008），直接结果是这些企业的创新和可持续发展遇到了不同程度的挑战。

从目前的文献来看，基于资源视角的实证研究非常少，其代表人物主要有Walter等（2006）、陈劲和朱学彦（2006）。不难看出，创业资源的代表性实证研究出现的时间较晚，对大学衍生企业的创业者资源支持关注则更少（李昱，2005；陈劲、朱学彦，2006；乔俊杰、闫科，2008）。另外，自20世纪80年代创业导向引入创业领域以来，它与创业绩效的关系研究一直是创业学者们关注企业持续成长的核心问题之一（Covin et al.，2006）。这主要源于创业导向能支持创新行为，促使创业行为的产生，成为企业获得优异绩效的有效选择（Naman and Slevin, 1993; Covin and Slevin, 1998; Zahra and Covin, 1995; Wiklund, 1999; Wiklund and Shepherd, 2005）。但从国内外文献来看，基于新创企业的创业导向—绩效关系并非简单的线性关系（Covin and Slevin, 1990; Dess et al., 1997），它们之间受到众多调节变量和中介变量的影响（Lumpkin and Dess, 1996; Rauch et al., 2009），这充分表明，创业导向能否促进绩效提高仍有待进一步的研究。因此，本书依据企业资源基础理论，分析学术型创业者资源支持、创业导向与大学衍生企业绩效三者之间的关系属于创业研究的前沿问题，其研究框架如图3-5所示。

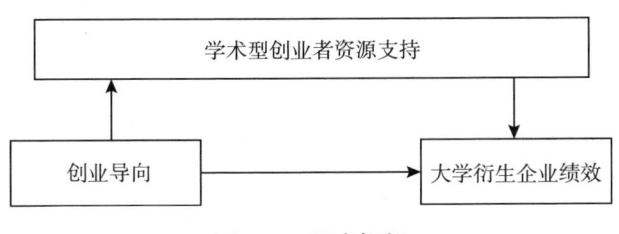

图3-5 研究框架

6. 风险企业创业导向与创业绩效关系模型：信任利用方式视角

尽管创业在扩大就业、创造新的市场能力、促进技术创新、直接促进高新技术产业化和促进地区经济增长以及增进社会福利等方面具有重要作用，但是我国新创企业特别是高新技术企业成长状况并不理想。其主要原因在于：一方面企业自身缺乏相应的关键资源；另一方面企业面临更加复杂、动态的不确定性环境，从而带来企业成长的路径依赖（Shane，2001）、技术制度环境障碍（Collins，2003；Ahlstrom and Bruton，2002；Lee and Peterson，2000）以及管理危机（譬如，不确定环境加大了创业者信息处理的难度，减少企业计划活动，使创业者产生很大的压力和焦虑）（Stevenson and Lundström，2001），它们的创新和可持续发展遇到了严重的挑战（Bruce and Mohsin，2006）。事实上，获得风险资本支持的高新技术企业（称为风险企业）却具有内在高成长性，① 具体表现在：增长速度快、企业规模扩大、创新能力增强、企业持续成长的潜力大（夏清华、易朝辉，2007），因此，从这个意义上讲，风险企业的成功有赖于创业者与创业投资家的信任关系。

但从目前的文献来看，从资源视角特别是从信任利用方式视角研究创业者与创业投资家的信任关系较少，其代表人物主要有张岚等（2003）、叶瑛和姜彦福（2006）。不难看出，基于创业者与创业投资家信任的代表性研究出现的时间较晚，对创业者与创业投资家信任的利用方式（简称信任利用方式）关注更少。另外，创业导向与新创企业绩效的研究兴趣不断高涨，日益受到学术界和企业界的普遍重视，这源于在动态的竞争环境下，创业导向能支持创新行为，促使创业行为的产生，成为企业获得优异绩效的有效选择。因此，依据创业者与创业投资家的信任利用方式、创

---

① [美] 阿玛尔·毕海德. 新企业的起源与演进 [M]. 魏如山，马志英译. 北京：中国人民大学出版社，2004.

业导向与企业绩效三者之间的关系属于创业研究的前沿问题,其研究框架如图3-6所示。

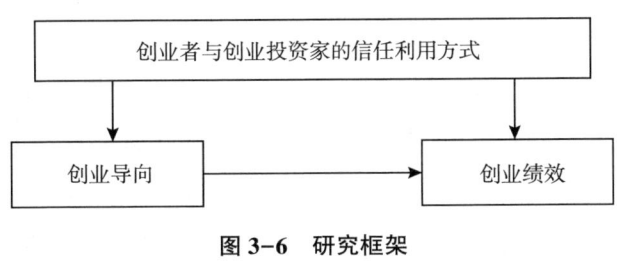

图 3-6　研究框架

第二节　理论推导与假设提出

基于上面提出的不同视角下的不同类型企业创业导向与创业绩效关系模型,本节主要依据企业资源基础理论、社会网络理论、创业认知理论及其相关理论,并结合先前相关的研究成果,通过理论推导来构建本书有待检验的相应假设。

一、资源整合、创业导向与创业绩效关系假设

资源识别是指创业者根据自身资源禀赋,深入分析并确定企业创业所需的各种资源的过程(Wernerfelt, 1995),它关系到企业资源整合的成败和资源整合能力的形成。同时,只有不断识别了有价值、稀缺、不可替代和不可模仿的资源,才能进一步提高创业绩效(Barney, 1991)。Brush 等(2001)认为,资源识别是企业成长与发展的重要前提,创业者通过识别

有用资源,并构建企业的资源识别体系,有助于企业在创业过程中利用资源创造价值。因此,企业资源识别能力与创业绩效紧密相关。

资源获取是指在确认并识别资源的基础上,创业者利用其他资源或途径获取创业资源并使之为创业服务的过程(Brush et al.,2001)。资源的获取是资源整合过程中不可或缺的重要环节,它会促使资源整合能力的改进,提升企业发展的核心能力和动态能力,最终为企业带来满意的绩效(Teece et al.,1997),也能为企业资源整合的配置和利用奠定坚实的物质基础(Wernerfelt,1984)。

资源配置是指创业者对获取的创业资源进行调整,使之互相匹配、相互补充并获得核心竞争力的过程(Barney,1995)。资源配置是企业资源整合过程的中心环节,获取的资源是否有价值,关键在于如何匹配使用,如何增值并为企业带来高绩效。资源配置在创业过程中起着关键作用,向上承接着资源的获取,向下连接着资源的运用,因此它对创业绩效会产生重要的影响(Eisenhardt et al.,1996;Cooper et al.,1995)。

资源运用就是创业者利用所获取并经过配置的资源,在市场上形成一定的能力,通过发挥资源与能力的作用为客户提供产品或服务并为客户创造价值的过程(Ireland et al.,2001)。Brush 等(2001)认为,资源运用是企业资源整合的最终目标,只有充分运用了企业获取和配置的资源,企业的各种能力才能形成,企业的发展才能够成为现实。由此可见,资源运用得当,便会提升创业资源的利用效率,进而提高创业绩效。综上所述,本书提出如下假设:

H3.1.1:资源整合能力对创业绩效具有正影响。

Romanelli(1987)认为,创新性、风险承担性和前瞻性导向会导致一系列消耗资源的企业行为。换句话说,创业导向是企业的主观战略态度,能够引导一系列的企业行为,从而产生企业绩效,其中,资源整合过程是创业导向转化为企业绩效的重要行为(Sirmon et al.,2007)。如果企业能够及时识别、获取、配置和利用创业过程中不同阶段所需的各种资源，就会有更宽泛的战略选择，通过提高资源整合能力，企业承担风险、创新以及超前行动的能力就会加强，所以资源整合能力会影响企业的创业导向。在当今竞争日益激烈的外部环境中，企业的竞争优势不仅来源于独特的资源，而且也来源于配置这些资源的方式。企业利用资源整合能力为顾客创造价值，并为企业带来财富，如果新创企业无法有效地组合、配置和利用资源，就无法实现价值创造（Brush et al.，2001）。因此，在创业导向转化为企业绩效的过程中，资源整合能力起到重要的调节作用。基于此，本书提出如下假设：

H3.1.2：资源整合能力对创业导向具有正影响。

从大量的文献来看，大多数研究证明，创业导向有助于促进创业绩效的提高（Schoollhammer，1982；Namen and Slevin，1993；Chow，2006；Manev et al.，2005；Wiklund and Shepherd，2003）。在日益激烈的竞争环境中，企业往往需要采取更多的创新行为和承担更多的风险来参与竞争，获得良好的绩效。Wiklund（1999）认为，具有高创业导向的企业更可能利用新机会并赢得先动优势，并且这一影响作用会随着时间的推移而增强。Zahra 和 Covin（1995）指出，具有高创业导向的企业能够在优质细分市场的定位与较高价格的索取方面先于竞争对手，因为这些企业密切注视着市场的变化并快速做出回应，因而能够从新机会中获益。基于此，本书提出如下假设：

H3.1.3：创业导向对创业绩效具有正相关关系。

二、网络嵌入、创业导向与新创企业创业绩效关系假设

网络嵌入是研究社会网络的重要变量，是在社会互动过程中所产生的持久性的人际联系（Andersson et al.，2002）。大量研究表明，网络嵌入

影响企业绩效（竞争优势）（Granovtter，1995；Uzzi，1997；McEvily and Marcu，2005），而且企业嵌入性网络的不同会带来企业竞争结果的差异，即企业嵌入在网络中的位置、结构及其关系强度的不同带来企业绩效的差异（Burt，1992）。

首先，网络的结构性嵌入起着互动和信息传递渠道的作用，从而影响资源和信息流动的速度和多少（Tsai and Ghoshal，1998）。这种嵌入还促使企业内成员互动的产生，模糊部门以及群体之间的界限，使团队协作成为可能，从而提升协作效率。Granovetter（1973）最早提出弱关系的力量。他认为，弱关系网络结构比强关系网络结构通常更有利于企业的知识创造等。① 结构性嵌入越紧密，企业成员获取信息的机会越多，还大大降低了监督和惩罚成本，促进资源的转移、组合与交换。② Burt（1992）提出的"结构洞"理论也为此提供了有力的证明。他认为，占据结构洞位置的企业可以接触到更多彼此不相联的企业，获取更多新的、不重复的信息，从而保持信息和控制优势（钱锡红，2010）。与"结构洞"不同的是，中心度（企业在网络中的重要程度）也会影响新创企业的绩效水平。中心度高的企业拥有更多的信息渠道，越能获取创业所需的异质性资源，越能接近更多的互补性技能。③ 新创企业所处的网络规模通过资源获取对企业绩效产生影响。网络规模越大，嵌入网络中的信息和资源越多，新创企业通过这种网络所形成的广泛社会关系越能获取金融资本、关键技术以及管理经验（朱秀梅、费宇鹏，2010）。

其次，网络的关系性嵌入也对企业绩效产生积极影响。网络成员通过

---

① Ibarra H. Homophily and differential returns: Sex differences in network structure and access in an advertising firm [J]. Administrative Science Quarterly, 1992, 37 (3): 422-447.

② Coleman J. S. Foundations of social theory [M]. Cambridge: Belknap Press of Harvard University Press, 1990.

③ Powell W. W., Koput K. W., SmithDoerr L. Interorganizational collaboration and the locus of innovation: Networks of learning in biotechnology [J]. Administrative Science Quarterly, 1996, 41 (1): 116-145.

信任构建相互合作的基础,并通过信任和互动获取共同的收益(张方华,2010)。因为,信任特别是情感型信任能够加强资源流动,提高合作效率,克服新创企业"新"又"小"所带来的成长劣势(朱秀梅、费宇鹏,2010)。网络的关系性嵌入对获取企业默会知识至关重要。企业与外部互动的频率越高,时间越持久,越有利于提升网络成员相互之间的认知能力,越能有效地提高知识转移的动机和能力(Julia et al.,2009)。因此,网络的认知性嵌入与企业绩效水平的提升关系密切。这种嵌入是企业互动交往的基础,是企业交流并交换信息的有效方式。在共同语言和符号的群体中,人们可以较容易地从其他人那里获取信息和资源。反之,信息传递和交流将变得困难。在共享的价值观和愿景下,成员企业间可以对不同的结果产生共同的预期,而这种预期是协作的前提(Nahapiet and Ghoshal,1998)。不难发现,共同的语言和符号或价值体系和目标愿景有利于企业提高对资源和信息交换、整合的能力,同时在这种交换、整合中又能产生出新的知识,这些知识便是企业竞争优势的重要来源(O'Hagan and Green,2004;West and Noel,2009)。基于此,本书提出如下假设:

H3.2.1a:结构性网络嵌入对新创企业绩效具有正向作用。

H3.2.1b:关系性网络嵌入对新创企业绩效具有正向作用。

H3.2.1c:认知性网络嵌入对新创企业绩效具有正向作用。

企业资源基础理论强调,有价值的、稀缺的、难以模仿的和不可替代的资源是企业绩效和持续竞争优势的主要决定因素。然而传统的创业理论认为,对于天生缺乏资源的新创企业而言,获取创业所需的各种资源非常困难,特别是融资困难,从而制约企业采取促进成长的一系列创业行为和活动(Chandler and Hanks,1994)。这表明获取并能整合创业所需的相应资源是影响创业导向战略的重要因素。从现有的研究成果来看,创业导向的本质就是以创新为核心,体现企业风险承担和先动性倾向,创造性地整合企业资源实现创业机会,从而谋求企业可持续成长的长期发展战略

(李雪灵等，2010)。Romanelli (1987) 认为，创新性、风险承担性和行动超前性导向会导致一系列消耗资源的企业行为。然而事实表明，不论是结构性嵌入、关系性嵌入还是认知性嵌入都是企业获取外部知识进而创造内部知识资源的基础（朱秀梅等，2010），因此，具有高创业导向的企业更需要通过不同形式的网络嵌入获取各种资源来推动创新、采取超越竞争对手的行动并提高风险承担的能力。基于此，本书提出如下假设：

H3.2.2a：结构性网络嵌入对创业导向具有正向作用。

H3.2.2b：关系性网络嵌入对创业导向具有正向作用。

H3.2.2c：认知性网络嵌入对创业导向具有正向作用。

从大量的文献来看，大多数研究证明，创业导向有助于改进创业绩效。①② 在日益激烈的竞争环境中，企业往往需要采取更多的创新行为和承担更多的风险来参与竞争，获得良好的绩效。Covin 和 Slevin (1991) 认为，创业导向是企业获取持久竞争优势的一项关键性资源或核心能力（Brush et al., 2001; Chow, 2006; Rauch et al., 2009），它与创业绩效具有正向关系（Covin and Miles, 1999; Lado and Wilson, 1994）。Wiklund (1999) 认为，具有高创业导向的企业更可能利用新机会并赢得先动优势，并且这一影响作用会随着时间的推移而增强。Zahra 等 (1999) 指出，具有高创业导向的企业能够在优质细分市场的定位与较高价格的索取方面先于竞争对手，因为这些企业密切注视着市场的变化并快速做出回应，因而能够从新机会中获益，这与 Covin 和 Slevin (1986) 的结论不谋而合。③ Frese 等 (2002) 研究结果表明，创业导向与创业成功密切相关，

---

① Lee C., Lee K., Pennings J. M. Internal capabilities, external networks, and performance: A study on technology-based ventures [J]. Strategic Management Journal, 2001, 22 (6/7): 615-640.

② Lippman S. A., Rumelt D. P. Uncertain imitability: An analysis of interfirm differences in efficiency under competition [J]. The Bell Journal of Economics, 1982, 13 (2): 418-438.

③ Covin J. G., Slevin D. P. The development and testing of an organizational-level entrepreneurship scale [A] //R. Ronstadt, J. A. Hornaday, R. Peterson, & K. H. Vesper (Eds.), Frontiers of entrepreneurship research. Wellesley, MA: Babson College, 1986: 628-639.

而创业导向包含创新性、行动超前性和风险承担性。基于此，本书提出如下假设：

H3.2.3：创业导向对创业绩效具有正向作用。

创业导向是企业的主观战略态度，能够引导一系列的企业行为，从而产生企业绩效，但这有赖于企业是否拥有足够的资源。正如前面所述，网络嵌入影响创业导向的成功实施，就在于通过各种不同形式的网络嵌入可以开发、获取或整合新创企业成长过程中不同阶段所需的各种资源，企业就会有更宽泛的战略选择，最终会提升新创企业的绩效（Zahra and Covin，1995）。因此，从这个意义上讲，创业导向是网络嵌入转化为企业绩效的重要手段。在当今竞争日益激烈的外部环境中，企业的竞争优势就来源于这些独特的网络嵌入，即这些不同网络嵌入所带来的关键资源（Zahra and Garvis，2000；Hult et al.，2003）。如果企业能不断开发和探索网络嵌入所带来的资源，那么新创企业开展创新活动、承担风险以及超前行动的能力就会加强，就越能为顾客创造价值，同时为企业带来更多的财富；如果新创企业无法有效地利用这些网络资源，就无法实现价值创造（Lee et al.，2001）。① 因此，在网络嵌入转化为企业绩效的过程中，创业导向起到重要的中介作用。基于此，本书提出如下假设：

H3.2.4a：在创业导向下，结构性网络嵌入对创业绩效有正向作用。

H3.2.4b：在创业导向下，关系性网络嵌入对创业绩效有正向作用。

H3.2.4c：在创业导向下，认知性网络嵌入对创业绩效有正向作用。

三、组织创业氛围、创业导向与风险企业创业绩效关系假设

研究表明，新创企业的创业导向成为推动其可持续成长的战略性资源

---

① Lee C.，Lee K.，Pennings J. M. Internal capabilities, external networks, and performance: A study on technology-based ventures [J]. Strategic Management Journal, 2001, 22 (6/7): 615-640.

(Covin and Miles, 1999; Wiklund and Shepherd, 2003)。在越加复杂、动态的不确定性环境条件下,新创企业要想持续地改进绩效,便需要早于竞争对手实施更多的创新行为并勇于承担更多的风险(Wiklund, 1999)。因为具有高创业导向的新创企业时刻关注着市场的变化并快速做出反应,从而能最先定位优质的细分市场并索取较高的价格来获取最大的利益(Zahra and Covin, 1995)。也就是说,新创企业一旦拥有较高的创业导向便能先于竞争对手利用机会并获得先发优势,而且这种优势会持续维持下去(Zahra and Garvis, 2000)。因此,由创新性、行动超前性和风险承担性所构成的创业导向有助于促进创业活动的成功(Frese et al., 2002)。基于此,本书提出如下假设:

H3.3.1:创业导向与创业绩效具有正向关系。

创业本质就是机会导向的,而机会要受到创业认知的影响。创业认知就是人们用于评估、判断及决定有关市场机会、新事业开发及成长的知识结构(Mitchell et al., 2002a),它有助于组织成员在不确定环境与高风险条件下克服认知偏差,增强机会识别的能力,从而成功实施创业活动。但是在创业过程中,企业将会面临大量组织内部因素的制约,如激励与控制系统、文化、组织结构、管理支持等(李晶,2008),这些因素直接决定组织成员对创业活动的态度和支持程度。组织成员对这些因素及其与创业环境互动的感知构成了组织创业气氛。换句话说,组织创业气氛就是组织成员对组织环境是否具有创业特性的主观知觉与描述,这种知觉直接影响他们的态度、信念、动机、价值观和创新行为。可见,组织创业气氛存在于组织内部,它能被组织成员所体验,并最终影响整个组织的创业能力与创业绩效(Bharadwa, 2000)。① 据 Hay Group 研究发现,组织气氛对企业最终绩效产生 30% 的影响,而且不同气氛的提升导致不同的绩效结果。

---

① Bharadwa A. A resource-based perspective on information technology and firm performance: An empirical investigation [J]. MIS Quarterly, 2000, 24 (1): 169–196.

因此，组织创业气氛成为创业绩效重要的预测变量（李建华、沈海燕，2006），譬如，它对工作计划有效性、任务完成率等方面具有明显的预测作用，同时还可以较好地预测企业未来五年的经济效益（Kumara and Koichi, 1989）。李建华和沈海燕（2006）研究表明，如果员工认知到有更多机会参与决策、信息共享及上级支持，工作效率就会显著提高。一种鼓励参与创新、注重外在导向、目标认同、充满信任的组织创业气氛往往会让组织成员产生"被尊重""受重视"的感觉，从而促使其以良好的主人翁心态积极为企业创造价值，从而直接影响组织效能与产出的提高。基于此，本书提出如下假设：

H3.3.2：组织创业气氛与创业绩效具有正向关系。

组织创业气氛是创业企业所有员工通过各种人际互动所形成的对创业环境、创业过程以及创业支持的一致认知和解释，它有助于在成员个体与组织创业环境之间搭起一座桥梁。换言之，组织创业气氛就是解释创业环境如何被感知的，以及评价员工感知组织赋予个体的重要意义。如果成员感知创新环境的鼓励力度越高，调用和支配创业所需的资源权限越大，成员感知的创业支持就会越强，进而结果是采取一系列的创业决策与行为（孙锐等，2008）。从这个意义上讲，创业导向更多是员工对组织创业气氛认知过程所产生的结果。有研究表明，组织成员创造力和生产力的发挥与组织支持、上级鼓励、工作自主性、参与决策程度显著正相关，这些直接影响企业的创新行为和效果（Amabile et al., 1996）。由此可见，组织成员对创业气氛感知的差异，可能体现在对企业内部创新鼓励、目标趋同、资源提供、领导支持、诚实互信等不同层次的评价上。这些知觉上的差异将决定不同企业的创业导向战略的实施效果，最终导致不同企业的创业绩效的差异。基于此，本书提出如下假设：

H3.3.3：创业导向在组织创业气氛与创业绩效之间具有中介效应。

四、学术型创业者动机、创业导向与创业绩效关系假设

从大量的文献来看,大多数研究证明,创业导向有助于改进创业绩效(Namen and Slevin, 1993; Smart and Conant, 1994; Brown and Bulter, 1995; Chow, 2006; Wiklund and Shepherd, 2003)。在日益激烈的竞争环境中,企业往往需要采取更多的创新行为和承担更多的风险来参与竞争,获得良好的绩效。Covin 和 Slevin(1991)认为,创业导向是企业获取持久竞争优势的一项关键性资源或核心能力(Covin and Miles, 1999; Lado and Wilson, 1994; Zahra et al., 1999; Lee and Pennings, 2001),它与创业绩效具有正向关系。Wiklund(1999)认为,具有高创业导向的企业更可能利用新机会并赢得先动优势,并且这一影响作用会随着时间的推移而增强。Zahra 和 Covin(1995)指出,具有高创业导向的企业能够在优质细分市场的定位与较高价格的索取方面先于竞争对手,因为这些企业密切注视着市场的变化并快速做出回应,因而能够从新机会中获益,这与 Zahra 和 Garvis(2000)的结论不谋而合。Frese 等(2002)研究结果表明,创业导向与创业成功密切相关,而创业导向包含创新性、行动超前性和风险承担性。基于此,本书提出如下假设:

H3.4.1:创业导向对衍生企业创业绩效具有正向关系。

在研究创业绩效的大部分相关文献中,动机成为新创企业成功的一个重要因素得到了充分的证明(Herron and Robinson, 1993; Keats and Bracker, 1988; Cragg and King, 1988; Stuart and Abetti, 1990),但有些文献同时也表明,不同的创业动机对绩效的影响也是有差异的(Wayne et al., 2007)。Krauss 等(2005)通过对南非 248 位成功创业者的调查研究,发现创业动机对创业绩效产生了显著性的影响。Krueger 等(2000)认为动机的个人和情景因素对创业产生直接的影响。Collins 等(2004)采用整

合分析方法（Meta-analysis）对创业者的成就动机进行了研究，结果表明，创业者动机影响创业者生涯和创业绩效。黄宝栋（2006）研究发现，创业者动机中的自我实现认知和社会地位越强，创业绩效就越高。尽管学术型创业者动机与一般的创业者动机存在差别，但是其成就动机、自我实现愿望以及社会地位都将影响大学衍生企业绩效。基于此，本书提出如下假设：

H3.4.2：学术型创业者动机与衍生企业绩效具有正向关系。

期望理论认为，如果个体预计自身的努力能够创造成功并带来积极的结果或者实现特定的目标就会采取一系列行动（Olson et al., 1996; Vroom, 1964）。换言之，学术型创业者感知在知识转移和创新过程中能够实现知识商业化并获取商业利润时会毫不犹豫地付出努力采取行动。这些活动和行为涉及企业创业导向的创新性、超前行动和风险承担等方面。正如 McClelland 等（1953）所言，创业动机与创业导向是相关的，它们之间的关系必然影响企业的绩效水平。

事实上，学术型创业者在一定程度上缺少实际的企业运营经验和创业资金（王小平、高亮华，2003），虽然我国也建立了各种大学科技园与大学孵化器，并能为大学衍生企业创业初期提供廉价的场地与各种信息、商务、融资、咨询、技术市场等系列的中介服务，但从目前来看，大学对技术转移的商业化和衍生企业的创业鼓励和支持不够，这些都将直接影响创业导向战略的有效实施，因为创业导向的创新性、行动超前性和风险承担性都需要消耗企业大量的资源。不过，正如陈劲和朱学彦（2006）所述，学者的企业家知识和创新能力将有效地激发其在技术转化、经营管理中的应用。Hambrick 和 Mason（1984）经典的"高阶理论"也认为，组织的战略选择和绩效水平在某种程度上取决于企业家的管理背景和知识特征。

尽管在创办初期学术型创业者缺乏历史和商业信用，在与潜在的贸易伙伴和投资者开展业务时处于不利的地位，但 Keasey 和 Watson（1991）的研究成果表明，大学通过自己的社会声誉和社会认同感，在此过程中为衍生企业提供一定的信用担保是克服这一问题的最有效办法。

此外，学术型创业者或其创业团队通常囿于自身经历的局限，其社会关系网络主要分布在高校科研院所等机构，缺乏与外界的沟通和联系，致使创业初期社会资本不足成为制约大学衍生企业战略发展的软肋（乔俊杰、闫科，2008）。Shaver 等（2001）研究也表明，高创业自我效能感（即对自己完成创业需要的技巧和能力充满信心）的创业者更有动力去实施创业导向活动和行为，① 因为高创业动机越能激发人的创业潜能。创业自我效能越高，创业者动机越强烈，更能尽力获取更多的创业资源，就越能增加企业的战略性资产，并促进企业以更有效的方式从事创新活动和超前行动，从而提高企业的竞争优势。其实，创业者目标的设置同样为其创业者提供了必要的动力，它是激励创业者通过选择、确定和机会三者交互去制定战略获取高绩效的重要方式（Locke and Latham，2002）。因此，在学术型创业者动机转化为创业绩效的过程中，创业导向起到重要的中介作用。基于此，本书提出如下假设：

H3.4.3：创业导向在学术型创业者动机与衍生企业绩效之间具有中介作用。

五、学术型创业者资源支持、创业导向与创业绩效关系假设

从大量的文献来看，大多数研究证明，创业导向有助于促进创业绩效的提高（Schoollhammer，1982；Namen and Slevin，1993；Chow，2006；Manev et al.，2005；Wiklund and Shepherd，2003）。在日益激烈的竞争环

---

① Chen C. C., Greene P., Crick A. Does entrepreneurial self-efficacy distinguish entrepreneurs from managers? [J]. Journal of Business Venturing, 1998, 13 (4): 295-317.

境中，企业往往需要采取更多的创新行为和承担更多的风险来参与竞争，获得良好的绩效。Wiklund（1999）认为，具有高创业导向的企业更可能利用新机会并赢得先动优势，并且这一影响作用会随着时间的推移而增强。Zahra 和 Covin（1995）指出，具有高创业导向的企业能够在优质细分市场的定位与较高价格的索取方面先于竞争对手，因为这些企业密切注视着市场的变化并快速做出回应，因而能够从新机会中获益。基于此，本书提出如下假设：

H3.5.1：创业导向对创业绩效具有正相关关系。

企业资源基础理论认为，企业是一系列资源的集合体（Penrose，1959），而资源是指企业所拥有的各种要素，包括有形资源（如设备、厂房、人员、土地和资金等）和无形资源（如商标、公司形象和文化以及社会资本等）。从战略管理角度来看，并不是企业拥有的所有资源都能提高企业的竞争优势，只有当企业拥有了与其发展战略最匹配的资源，企业才最具有竞争优势。这些多样性资源如果具有稀缺性、价值性、不可替代性和不可模仿性，就能为企业带来持续的竞争优势（Barney，1991）。由于大学衍生企业成长的非线性特征，其不同成长阶段所需的资源也具有很大的差异（Ajay，2004）。因此，学术型创业者能否获取关键资源的支持，直接决定其创办的大学衍生企业的成长性。

Franklin 等（2001）对比分析了学者创业者和外部代理创业者（Academic and Surrogate Entrepreneurs）在大学衍生企业发展中的互补作用（Chrisman et al.，1995）后表明，学者创业者理解技术和其潜在的应用能力，但缺乏创业管理经验，因此，大学要想发展成功的基于技术转移的新创企业，最好的方法莫过于学者和代理企业家的结合。Cooper（1981）认为，经历和教育是促成创办公司决定的先决条件，并最终影响业绩。Hambrick 和 Mason（1984）经典的"高阶理论"认为，组织的战略选择和绩效水平在某种程度上取决于企业家（创业者）的管理背景和知识特征。正如陈劲和朱学彦（2006）所述，学者的企业家知识和创新能力将有效地激发其在技术转化、经营管理中的应用。可见，学者型创业者如能获取并运用创业管理支持，将有助于提高大学衍生企业绩效。一般来说，我国学者型创业者初创企业时，不仅缺少实际的企业运营经验，而且还难以获取创业资金（王小平、高亮华，2003），这将直接影响到企业的绩效水平。研究表明，缺少来自学校的融资支持被视作是影响衍生的最重要的制约因素（乔俊杰、闫科，2008）。

根据 Stenffensen 等（1999）的研究结果，大学衍生企业能否成功的一个重要因素是其获得母组织帮助的程度。虽然我国也建立了各种大学科技园与大学孵化器，并能为大学衍生企业创业初期提供廉价的场地与各种信息、商务、融资、咨询、技术市场等系列的中介服务，但从目前来看，大学对技术转移的商业化和衍生企业的创业鼓励和支持不够。实践表明，大学的创业氛围（Siegel et al., 2004）、大学技术转移办公室的效率（Gregorio and Shane, 2003）、学术创业的奖励制度（Debackere and Veugelers, 2005；Gubeli and Doloreux, 2005）、大学基础设施、大学知识产权保护政策和明确的创业战略、大学的科技实力、专业布局特点、科研经费总量、大学的地理位置以及大学与政府的关系等（杨德林等，2007）在一定程度上对大学衍生企业绩效产生积极影响。

在衍生企业创办初期，其由于缺乏历史信用和商业经验，在和潜在的贸易伙伴和投资者开展业务时处于不利的地位。Keasey 和 Watson（1991）的研究成果表明，大学通过自己的社会声誉和社会认同感，在此过程中为衍生企业提供一定的信用担保是克服这一问题的最有效办法。由于学术型创业者自身资源匮乏，因而通过社会关系网络获取支持企业发展的其他资源显得尤为迫切（Anand and Khanna, 2000；李昱，2005）。事实上，学术型创业者及其创业团队通常囿于自身经历的局限，其社会关系网络主要分布在高校科研院所等机构，缺乏与外界的沟通和联系，致使创业初期社会资本不足成为制约大学衍生企业发展的软肋（乔俊杰、闫科，2008）。综上所述，本书提出如下假设：

H3.5.2：学术型创业者资源支持对创业绩效具有正影响。

创业研究一直强调企业资源等组织因素对创业绩效的影响（Covin and Slevin，1991；Lumpkin and Dess，1996；Dess et al.，1997）。创业者获取资源的支持行为越多，就越能增加企业的战略性资产，并能促进企业以更有效的方式从事创新活动和超前行动，从而提高企业的竞争优势（Covin and Slevin，1991）。Romanelli（1987）认为，创新性、风险承担性和超前行动性导向会导致一系列消耗资源的企业行为。换句话说，创业导向是企业的主观战略态度，能够引导一系列的企业行为，从而产生企业绩效。显然，创业者获取资源的支持行为是创业导向转化为企业绩效的重要前提（Sirmon et al.，2007）。如果创业者能够及时识别、获取、配置和利用创业过程中不同阶段所需的各种资源，就会有更宽泛的战略选择，通过获取更多的资源，企业承担风险、创新以及超前行动的能力就会加强（朱秀梅，2008），所以创业者获取资源的支持行为会影响企业创业导向的实施。在当今竞争日益激烈的外部环境中，企业的竞争优势更取决于创业者资源支持的独特性和宽泛性。创业者只有充分满足衍生企业成长过程中不同的资源需求（乔俊杰、闫科，2008），才能及时推出更多有竞争性的产品和服务为顾客创造价值，并为企业带来财富；反之，企业就无法实现价值创造，失去竞争优势（Brush et al.，2001）。因此，在创业导向转化为企业绩效的过程中，学术型创业者资源支持行为起到重要的中介作用。基于此，本书提出如下假设：

H3.5.3：创业导向在学术型创业者资源支持与衍生企业绩效之间具有中介效应；学术型创业者获取资源的支持行为越多，创业导向越能促进绩效的改进。

六、信任利用方式、创业导向与风险企业创业绩效关系假设

从本质上看,创业就是创业者利用和整合企业内外部资源推动企业成长的一系列活动。Greve 和 Slaff(2003)研究发现,创业者在创业动机形成之前,只与少数密切联系人探讨商业创意;而在计划阶段,创业者需要动用更大规模的社会网络,尽可能地寻找将来有助于创业的各种联系人,一旦决定创办企业,创业者需要将网络聚焦于那些能提供关键资源和客户的联系人。

事实上,从大量的案例来看,创业者会动用一切关系获得创业投资家的支持,会花费大量的时间、资金与精力获取创业投资家的信任,说服对方与其合作投资。合作以后,创业者就能获得创业投资家提供的各种资源支持,譬如,与创业相关的信息、客户、资金、技术以及管理技能等。Freeman(1999)认为,与创业投资家及其专业组织的关系是创业者获得关键人才和市场信息的主要手段;而 Brown 和 Bulter(1995)则认为,与分销商、供应商、竞争者或顾客的关系是创业者获取行业信息和技术诀窍的重要途径。① 实际上,创业投资家团队成员通常来自科技行业,他们自身拥有经营、管理科技行业的知识和背景,而且也拥有最重要的人脉关系,可以帮助风险企业介绍经销商或接洽供应商,甚至开发新市场。合作以后,创业者还会通过创业投资家的社会网络,与其网络中的联系人建立新的关系,譬如,银行、其他创业投资家同仁等,从而为风险企业获得稀缺资源。另外,利用创业投资家提供的合作伙伴带来的声誉,风险企业短时间内能得到公众的认可与支持,还能尽快上市获取超额回报。② 从这种

---

① Higgins M. C., Gulati R. Stacking the deck: The effects of top management background on investor decision [J]. Strategic Management Journal, 2006, 27 (1): 1–25.
② Chandler A. D. Strategy and structure [M]. Cambridge: The MIT Press, 1962.

意义上看,创业者与创业投资家的信任利用方式会提升创业绩效。综上所述,本书提出如下假设:

H3.6.1a:创业者与创业投资家信任的开发式利用与风险企业绩效正相关。

H3.6.1b:创业者与创业投资家信任的探索式利用与风险企业绩效正相关。

企业资源基础理论强调有价值的、稀缺的、难以模仿的和不可替代的资源是企业绩效和持续竞争优势的主要决定因素。然而传统的创业理论认为,对于天生缺乏资源的新创企业而言,获取创业所需的各种资源非常困难,特别是融资困难,从而制约企业采取促进成长的一系列创业行为和活动。这表明获取并能整合创业所需的相应资源是影响创业导向战略的重要因素。Romanelli (1987) 认为,创新性、风险承担性和前瞻性导向会导致一系列消耗资源的企业行为。换句话说,创业导向是企业的主观战略态度,能够引导一系列的企业行为,从而产生企业绩效,但通过利用和探索创业者与创业投资家的信任所构成的各种网络(简称信任网络,实际上这种网络扩展了创业者网络和创业投资家网络)显然可以获取更多的外部信息和关键资源,进而影响创业导向,最终影响创业绩效 (Lee and Peterson, 2000)。

从这个意义上讲,信任利用方式是创业导向转化为企业绩效的重要行为。如果企业能够及时通过信任网络开发和探索风险企业成长过程中不同阶段所需的各种资源,就会有更宽泛的战略选择,那么风险企业承担风险、创新以及超前行动的能力就会加强,所以信任利用方式会影响企业的创业导向。在当今竞争日益激烈的外部环境中,企业的竞争优势不仅来源于独特的信任资源,而且也来源于利用这些资源的方式。如果企业能不断地开发和探索信任资源就能为顾客创造价值,并为企业带来财富,如果风险企业无法有效地利用这些信任资源,就无法实现价值创造(Dimitratos et al.，2004）。因此，在创业导向转化为企业绩效的过程中，信任利用方式起到重要的调节作用。基于此，本书提出如下假设：

H3.6.2a：信任的开发式利用对创业导向存在正相关的影响。

H3.6.2b：信任的探索式利用对创业导向存在正相关的影响。

尽管少数研究表明，创业导向与创业绩效弱相关或者不相关（Dimitratos et al.，2004；Zahra，1991；Covin et al.，2006），但从目前文献来看，大多数研究还是证明创业导向有助于促进创业绩效的提高（Namen and Slevin，1993；Chow，2006；Manev et al.，2005；Wiklund and Shepherd，2003；薛红志，2005，2006；李其玮、李丹，2007；魏江、焦豪，2008）。在日益激烈的竞争环境中，企业往往需要采取更多的创新行为和承担更多的风险来参与竞争，获得良好的绩效。Wiklund（1999）认为，具有高创业导向的企业更可能利用新机会并赢得先动优势，并且这一影响作用会随着时间的推移而增强。Zahra 和 Covin（1995）指出，具有高创业导向的企业能够在优质细分市场的定位与较高价格的索取方面先于竞争对手，因为这些企业密切注视着市场的变化并快速做出回应，因而能够从新机会中获益。基于此，本书提出如下假设：

H3.6.3：创业导向对创业绩效存在正相关的影响。

第四章 研究设计与方法

对相关文献进行了系统回顾后,本书基于不同视角构建了不同类型企业创业导向与创业绩效关系的理论模型和相关假设,在此基础上,本章主要阐述本书调查研究的具体设计过程。首先,结合前人的研究成果说明本书的调查问卷设计过程;其次,阐述如何测量本书的所有变量;最后,阐明问卷发放与获取过程、样本的分布情况、数据的描述性统计以及本书中所采用的统计方法,目的是要确保理论模型验证的有效性。

第一节 问卷设计过程

设计问卷需要厘清研究模型中所涉及的变量属性与特征,并采纳最优的条目或者题项来测量研究中需要验证的概念、构念或者变量。实际上,问卷设计关键在于科学合理地确定变量测量条目的项数,这不仅有助于避免因缺乏测量信度所带来的随机误差,而且可以避免因缺乏测量效度所带来的系统误差,从而提高问卷设计的有效性。同样,设计问卷时还应合理安排问卷的内容,譬如,Vincent(1976)认为,问卷内容最好从简单回答的问题开始,而涉及企业隐私或者个人敏感性的问题,尽量放在问卷的末尾，如此可以激发问卷填写人的兴趣，提高问卷填写的有效性。① 但这也不是绝对的，因为问卷设计还依赖于研究问题及其所采纳的理论逻辑。

因此，综合以上考虑，本书问卷设计的具体过程如下：

第一，尽可能收集和整理相关的所有文献，找到与本书相类似的测量项目或者对应测量的条目，进而考虑其能否为本书所直接引用，或者在前人研究成果的基础上对其做稍微的改动或者部分加以调整然后作为本书相应变量的测量项目。这样不仅可以节约时间和精力，还能确保测量条目的信度和效度。

第二，对于本书中涉及的变量无法找到直接采纳的测量量表，本书借助于与该变量相关的概念或者构念进行设计，同时还请教了相关行业的专家让其提出合理性建议以确保测量条目的效果。同样，关于本书中直接引用或者做出部分调整的测量项目也咨询了相应的专家，以求达到相同的实证效果。

第三，在文献研究、案例分析和实地访谈的基础上，本书结合新创企业的实际情况，初步设计出本书的总体测量项目。初步设计的问卷要尽可能全面地反映研究模型中所涉及的变量的属性与特征。然后，将其送达相关领域的专家进行磋商，并根据他们提出的建议进行修改，尽量确保各测量条目语句通俗易懂，避免歧义，最终形成本书的初步调查问卷。

第四，在初步调查问卷设计出来以后，本书以不同类型的企业为对象进行了预调查，以检验该问卷在实际调查过程中的信度和效度，力图发现问卷设计的不足。在此基础上，本书根据预调查的结果对相关的内容加以调整和修订完善，以此形成本书的最终调查问卷。

---

① 王庆喜．企业资源与竞争优势：基于浙江民营制造业企业的经验与理论研究［D］．杭州：浙江大学，2004．

第二节　变量测量

根据前一章提出的理论分析模型，本书实证分析中将涉及九个变量的测量：①自变量：资源整合能力、网络嵌入、组织创业氛围、学术型创业者资源支持、学术型创业者动机、信任利用方式；②中介变量：创业导向；③因变量：创业绩效；④控制变量。

本书变量的测量方式主要采用主观感知方法和 Likert 量表的形式。Berdie（1994）的研究认为，5 级量表是最可靠的，选项超过 5 级一般人难有足够的分辨力。尽管采用 7 级量表有可能增加问卷填写人的判断时间和思考精力，从而导致他们对问卷的抵触心理，结果反而降低了测量的精确度，① 但是 7 级量表不仅会增加变量的变异度，而且会提高变量之间的区分度，因此，本书针对不同类型的企业使用 5 级或 7 级量表测量相关变量。

就各变量测量条目的来源而言，本书主要来自四个方面：一是直接引用前人研究用过的而且被证实是有效的、比较成熟的测量条目；二是结合前人的研究成果和本书的实际情况做少量或部分的调整获得；三是依据相关文献研究以及案例分析归纳得到；四是根据本书实地访谈的结果总结得出。

一、自变量测量

1. 资源整合能力

本书主要从四个维度来测量资源整合能力：资源识别能力用企业很清

---

① 吴明隆. SPSS 统计应用实务——问卷分析与应用统计 [M]. 北京：北京科学出版社，2003：23.

楚自身所拥有的知识技能等、企业很清楚自身所能够使用的各种知识技能等、企业很清楚自身所拥有的关键创业资源、企业很清楚创业社会网络的价值来测量；资源获取能力用企业从供应商处获取创业所需的各种资源、企业从客户那里获取需求信息等无形资源、企业从对手那里获取信息资源、企业利用社会网络获取创业所需资源、在企业内部促进学习并开发无形资产来测量；资源配置能力用企业剥离了创业无用的资源、企业实现资源的转移和结合、企业实现了企业内部资源的共享性配置来测量；资源运用能力用创业者利用个人资源禀赋获取外部资源、团队利用个人资源禀赋获取外部资源、创业者利用已整合的资源获取外部资源、团队利用已整合的资源获取外部资源来测量。

2. 网络嵌入

本书从三个维度来测量网络嵌入：结构性网络嵌入主要涉及社会网络的非人格化方面，通常可以用企业各种网络联系的强弱、企业网络的密度、企业网络规模、网络位置的中心性等来测量；关系性网络嵌入主要涉及社会网络的人格化方面，一般用人际信任、联系的互动频率、联系的紧密度和联系的持久性来测量；认知性网络嵌入常以共享的语言和符号、共享的价值观和愿景以及默会知识等来测量。

3. 组织创业氛围

本书从五个维度来测量组织创业氛围：创新支持用企业是否为创新活动提供充足的物质支持、企业是否经常鼓励员工进行各种创新、企业是否为员工提供成长平台提升创新能力、企业是否采用长期激励方式激励员工创新动力等题项来测量；目标认同用创业目标在多大程度上被全体员工认同、创业目标在多大程度上能被实现、创业目标对员工是否具有很大的价值、员工在多大程度上愿意参与目标制定等题项来测量；工作自主用员工是否有权决定自己的最佳工作方式、员工多大程度上能自由作出相关的工作决策、员工在工作中是否可以应用新技术或者新方法、员工在工作内容方面是否具有自由发挥的空间等题项来测量；诚信互动用企业员工之间是否相互信任、员工是否愿意进行开放的沟通、员工是否尊重彼此的创意或想法、企业员工是否相互理解并宽容失败等题项来测量；外在导向用企业能否及时发现并改变相应的做事方式、企业能否快速适应新的市场环境变化、企业是否经常关注产品的服务与改进、企业是否持续关注市场并寻找新的创业机会等题项来测量。

4. 学术型创业者动机

本书主要从六个维度来测量学术型创业者动机：个人因素用创业者是否渴望完成具有高难度与挑战性的目标、创业者是否渴望能够独立做出计划和相应的决策、创业者是否渴望获取物质财富的回报、创业者是否相信自己的技巧和能力来测量；机会因素用创业者能否识别创业机会来测量；科学知识因素用创业者是否渴望将其知识加以应用、创业者是否渴望进行知识转移来测量；资源获取因素用创业者是否拥有相应的资金支持、创业者是否拥有相应的社会网络、创业者是否拥有相应的生产设备来测量；孵化器因素用创业者是否拥有可利用的支持设施、创业者是否遇到组织障碍来测量；社会环境因素用社会及家庭对创业所持的态度、创业者是否接受个体或者外部机构的建议来测量。

5. 学术型创业者资源支持

本书主要从六个维度来测量学术型创业者资源支持：创业管理支持用学者获取了专业的技术经济方面的帮助、学者获取了市场预测方面的帮助、创业者获取了机会识别方面的帮助和创业者获取了企业成长管理方面的帮助来测量；政策支持用学者所在大学鼓励创办企业、学者所在大学给予更大的工作自主权、学者所在大学制定灵活的业务考核方式来测量；资金支持用创业者获取所在大学的拨款支持、创业者所在大学利用社会网络为其获取来自风险投资的资金支持、学者所在大学利用社会网络为其获取来自其他机构的资金支持、学者利用大学声誉获取风险投资的资金支持、学者利用大学声誉为其获取来自其他机构的资金支持来测量；基础设施支持用所在大学为学者提供实验室、所在大学为学者购买相关的科研仪器、学者获取所在大学科技园的支持、创业者获取所在大学主导的企业孵化器的支持来测量；信用支持用学者所在大学利用其声誉为其提供信用担保、学者所在大学利用其社会认同感为其提供信用担保、学者利用大学的声望为其提供信用担保来测量；社会资本支持用学者获取其他高校科研院所的帮助、学者获取风险投资业的帮助、创业者获取产业界（包括供应商）的帮助、创业者获取政府各部门的支持来测量。

6. 信任利用方式

本书主要从两个维度来测量信任利用方式：信任的开发式利用采用花费大量时间维持既有的关系网络（时间投入）、创业者与创业投资家频繁的沟通交流（交流频率）、花费于维持既有关系的资金更多（资金投入）、合作前认识的朋友对创业的帮助更大（结果评价）来测量；信任的探索式利用采用合作后花费大量时间建立新的关系网络（时间投入）、创业者与创业投资家频繁与新朋友沟通交流（交流频率）、花费建立新关系网络的资金更多（资金投入）、合作后认识的新朋友对创业的帮助更大（结果评价）来测量。

二、中介变量测量：创业导向

本书主要从三个维度来测量创业导向：创新性用注重成熟产品的经

营、产品创新、技术领先和研发,最近三年新产品线开发状况与现有产品改造力度,最近三年现有产品改造力度来测量;行动超前性用最近三年在与竞争对手的竞争中经常被动地做出反应还是经常先于竞争对手采取行动,尽量避免竞争冲突采取主动出击、击败对手的态度,把新产品、新的管理技能和新的操作技术作为竞争首选工具的程度来测量;风险承担性用最近三年里倾向于选择低风险、低回报还是高风险、高回报的项目,最近三年在实现经营目标方面倾向于采用小心、渐进的行为还是采取大胆和迅速的行动,最近三年在面对不确定性情况进行决策时倾向于采取谨慎的"观望"态度还是采取大胆、积极的态度以求稳妥决策来挖掘潜在的获利机会来测量。

三、因变量测量:创业绩效

所谓新创企业绩效(New Venture Performance,NVP),是指新创企业所从事活动的业绩和效率的统称,通常被视为企业战略(成长性)目标的实现程度。尽管新创企业的绩效并未取得一致和统一的测量体系,但大多数研究者认为,应该使用多个维度来度量企业绩效。① Chrisman 等(1998)提出,在考察创业绩效时,应特别注重生存(Survival)和成长(Growth)两个维度方面的绩效,② 主要测量指标包括企业成长年限、企业初始具备的管理和技术水平、股东满意度、销售增长率、利润增长率、雇员增长率等(沈超红,2006)。③ Antonicic(2003)提出,在考察创业绩效时,应特别注重获利性(FPP)和成长性(FCP)两个维度方面

---

① Murphy G. B., Trailer J. W., Hill R. C. Measuring performance in entrepreneurship research [J]. Journal of Business Venturing, 1996, 36 (1): 16-17.
② Miller D., Friesen P. H. Strategy-making and environment: The third link [J]. Strategic Management Journal, 1983, 4 (3): 221-235.
③ 沈超红. 创业绩效结构与绩效形成机制研究 [D]. 杭州:浙江大学, 2006.

的绩效,① 前者主要测量指标包括：净收益率、投资收益率和市场占有率等，后者测量指标有净收益增长速度、销售额增长速度、市场份额增长速度、雇员增长速度、新产品或服务发展速度等。

对于大学衍生企业创业绩效（University Spin-off Performance，USP），Venkatraman（1997）认为，创业绩效不同于一般的组织绩效，需要考虑个人目标的实现程度等非财务绩效（Chakravarthy，1986；Knight，2000）。因此，本书借鉴 Kirchhoff（1997）、Baum 等（2001）、Walter 等（2006）的研究成果，采用创业文献中经常使用的创业者对创业结果的满意程度、企业成长年限、企业初始具备的管理和技术水平、销售增长率、利润增长率、雇员增长率等来测量大学衍生企业绩效。

对于风险企业创业绩效（Venture Enterprise Performance，VEP），本书借鉴 Miller 和 Friesen（1982）、Murphy 等（1996）、Delmar（1997）、Baum（2001）以及沈超红（2006）的研究成果，并结合本书的实际情景，采用创业生存与成长维度同时测量创业绩效，主要测量指标包括：企业成长年限、企业初始具备的管理和技术水平、股东满意度、销售增长率、利润增长率、雇员增长率等。

四、控制变量测量

先前的研究表明，创业环境影响创业导向与创业绩效之间的关系（Miller and Friesen，1983；Lumpkin and Dess，1996），因此，本书首先控制了创业环境变量，以剥离环境因素对创业绩效产生的影响，其次采用动态性（本企业所处的行业消费者需求变化速度很快、本企业所处的行业

---

① Antonicic H. H. Network-based research in entrepreneurship：A critical review [J]. Journal of Business Venturing，2003，18（2）：429-451.

产品更新换代速度很快)、敌意性(本企业所处的行业竞争非常激烈、本企业所处的行业风险非常大)以及宽容性(本企业所处的行业有很大的成长空间、本企业所处的行业有很高的利润率)三个维度测量创业环境。①② 最后根据创业生命周期理论,将企业规模作为控制变量,以控制其对创业绩效产生影响。另外,企业所属行业及性质与创业绩效直接相关,不同行业、不同性质的企业其网络嵌入和创业导向水平不同,其绩效也不尽相同。因此,企业性质与行业属性也将列入本书的控制变量。

第三节 数据获取

一、选样

本书主要采用问卷调查方式来收集数据,其发放对象主要是新创企业,包括获得创业投资支持的高新技术企业(风险企业)、大学衍生企业。从目前来看,学术界对于新企业创业周期的时间跨度还没有达成一致意见,原因在于创业企业成功因素的复杂性,从而决定了创业周期的差异。因此,有学者(Covin and Slevin,1990)认为,创业周期时间跨度可以延长到10年,也有学者(Zahra et al.,2000)认为,创业周期不超过6年,还有学者(Biggadike,1979;McDougall et al.,1994)认为,整个创业周期不超过8年。鉴于研究需要,本书选择创业周期不大于8年的新创

---

① Papadakis V., Lioukas S., Chambers D. Strategic decision making processes: The role of management and context [J]. Strategic Management Journal, 1998, 9 (2): 115-132.
② 王庆喜. 企业资源与竞争优势:基于浙江民营制造业企业的理论与经验研究 [D]. 杭州:浙江大学,2004.

不同视角下创业导向对创业绩效的作用机理

企业为调研样本。

二、数据收集

实证研究的有效性关键在于数据的有效性,因此,秉承科研工作中注重实证研究的传统,本书在这一方面花费了很长的时间和很大的精力,动用了各种社会资源,尽可能获得准确和足够的不同类型的样本数据。需要说明的是,样本收集由于时间、空间、收集途径、研究内容等方面的差异,所以相同类型的样本收集也存在一定的数量差异。总体上,本书的数据收集主要包括如下几个方面:制定访谈提纲与开展实地访谈、设计问卷与预调查、修改问卷设计与正式调研、统计分析。

1. 新创企业数据收集

(1) 资源整合能力视角。本部分基本上采用了较成熟的量表,经过与相应的专家磋商并根据他们提出的建议进行适当修改,最终形成初步的调查问卷,并以长沙高新技术开发区内50家高新技术企业为对象进行了预调查,结果表明,该问卷在实际调查过程中具有很好的信度和效度。

在最终调查问卷(采用李克特五分量表)形成以后,主要在长沙、武汉、上海、深圳、北京等地区进行问卷调查。为了提高回收率、获取更多的样本数据,本调查主要采用了如下几种途径:一是亲自去企业发放问卷并及时回收;二是通过邮寄回收问卷;三是通过老师、同学等各种社会关系发放问卷,然后根据被调查对象的送达方式完成问卷调查;四是通过访谈完成相应的问卷。本调查采用无记名方式,最终收集问卷680份,其中有效问卷352份,有效问卷率达51.8%。在调查的企业中,首先是医疗保健行业占33.8%,而IT行业则紧随其后,占据了19.2%的席位,其次是能源环保行业占15.6%,再次是传媒娱乐、互联网各占9.9%、8.4%,

第四章 研究设计与方法

最后是化工行业、金融服务、电信通信以及传统行业的数量略低,分别占3.6%、2.7%、1.8%、2.0%的比例,其他行业占3.0%。

(2)网络嵌入视角。本部分基本上也采用了较成熟的量表,经过与笔者的博士生导师及相关专家磋商并根据他们提出的建议对相应的问卷进行了调整,最终形成了初步调查问卷(采用李克特七分量表),并以湖南长沙高新技术开发区内50家新创企业为对象进行了预调查,结果表明,该问卷具有很好的信度和效度。

在最终调查问卷形成以后,主要在湖南长沙、株洲、湘潭、岳阳、衡阳等地区对新创高科技企业进行问卷调查。为了提高回收率、获取更多的样本数据,本调查主要采用了如下几种途径:一是亲自去企业发放问卷并及时回收;二是通过邮寄回收问卷;三是通过老师、同学等各种社会关系发放问卷,然后根据被调查对象的送达方式完成问卷调查。本调查采用无记名方式,共发放问卷500份,回收问卷256份,其中有效问卷217份,有效问卷率达43.4%。

在调查的新创企业中,制造业占29.4%,医疗保健行业占24.2%,IT行业占18.0%,能源环保行业占12.3%,机械电子业占9.5%,化工、金融服务等其他行业共占6.6%。在企业类型中,个人独资占27.5%,合伙制占28.8%,公司制占43.7%。在企业规模方面,小型企业(25~300人)占64.4%,中型企业占(300~500人)占33.8%,大型企业(500~1000人)占1.2%,其他规模类型的企业(小于25人,大于1000人)占0.6%,说明企业规模偏小,以中小型为主。在被调查对象中,董事长占26.1%,总经理占22.7%,高层管理人员占29.8%,中层管理人员占14.9%,其他占6.5%;在样本员工受教育程度方面,大专占21.6%,本科占60.6%,硕士占14.9%,博士占4.8%。

(3)组织创业氛围视角。本部分问卷设计比较棘手的问题之一就是组织创业气氛的测度,因为从目前的文献可以发现:测量组织创业气氛还缺少被认可的成熟量表。尽管如此,利用既有的相关成果可确定创业气氛变量的题项。具体做法如下:首先,通过深度访谈获取新创企业员工对创业气氛的感知性信息;其次,通过与几位创业学专家磋商获取他们对量表题项的修改意见,形成初步调查问卷;最后,进入湖南长沙高新技术开发区园内发放问卷进行预调查。通过对获取的10家新创企业80份问卷进行频次和因素分析。结果显示,问卷的信度和效度符合调查要求,由此形成最终调查问卷。

本调查采用无记名方式进行,主要分布在湖南、湖北、广东、上海、浙江等地区。为了收集更多的调查样本,尽可能采用多种方式发放问卷,譬如,直接进入企业发放问卷、凭借各种关系网络发放问卷、借助互联网完成问卷调查等。本调查最终收集600份问卷,其中412份有效问卷,有效问卷率达到68.7%。

通过统计,样本企业的特征主要表现在以下几个方面:在企业规模方面,小型企业(25~300人)占52.7%,中型企业(300~500人)占39.3%,大型企业(500~1000人)占4.8%,其他规模类型的企业(小于25人,大于1000人)占3.2%。在调查对象性别方面,男性占72.0%,女性占28.0%;在调查对象年龄方面,25岁以下员工占12.1%,26~35岁的占66.3%,36岁以上的占21.6%;在样本员工受教育程度方面,大专占15.9%,本科占65.2%,硕士占12.0%,博士占5.7%,其他占1.2%;在职位级别方面,基层员工占81.5%,中层占16.7%,高层占1.8%。

2. 大学衍生企业数据收集

(1)学术型创业者资源支持视角。学术型创业者资源支持目前还未存在被国内外学者认可的成熟量表,为此,本书通过文献收集和分析来确定其测量题项。首先,与企业员工进行深度访谈获取他们对学术型创业者资源支持的相关资料;其次,与相关创业专家和教授磋商获取相关修改建议和意见后，对量表题项进行了调整和补充，初步形成了调查问卷（采用李克特五分量表）；最后，以湖南长沙高新开发区园内 50 家新创企业（成立时间 5 年以内）为对象进行了预调查，并对获取的问卷进行频次分析和因素分析，结果表明，该问卷具有很好的信度和效度。

基于本部分的研究目标，样本企业必须具备如下特征：第一，企业是学者创办的或者企业的核心技术/业务来源于学者；第二，有学者在企业中任职。问卷填写人应为在企业任职的学者，或其他对企业中学者情况非常了解的高层管理人员，例如，CEO、副总经理、经理助理等。从而保证了被访问人熟悉企业的经营情况以及学者创业的真正动机。

样本主要来自湖南省、湖北省、上海市、北京市、广州市等大学的技术生产型衍生企业（Doutriaux，1987）。 为了提高回收率、获取更多的样本数据，本调查主要采用了如下几种途径：一是亲自去大学发放问卷并及时回收；二是通过邮寄回收问卷；三是通过老师、同学等各种社会关系发放电子版问卷回收；四是通过互联网完成相应的问卷。本调查采用无记名方式，最终收集问卷 202 份，其中有效问卷 133 份，有效问卷率为 65.8%。

在调查的大学衍生企业中，首先是信息通信 32 家占 24.0%，而化工行业紧随其后，以 26 家的数量占据了 19.5% 的席位；其次是能源环保行业 19 家占 14.2%；再次是电子技术 17 家占 12.8%；最后是农业技术、生命科学、新材料新能源领域的数量分别占 9.4%、8.2%、7.5% 的比例，其他行业占 4.4%。从样本企业的成立时间来看，2~4 年成立的企业数量占总样本的 83.5%，基本符合正态分布。

（2）学术型创业者动机视角。本部分中各变量的测量基本上采用了现有文献中的较成熟的量表，通过与相关专家磋商并根据他们提出的建议对其进行了修改和调整，最终形成了本书的调查问卷。本调查采用无记名方

---

① Doutriaux J. Growth pattern of academic entrepreneurial firms [J]. Journal of Business Venturing, 1987, 2 (4): 285-298.

式,最终收集问卷189份,其中有效问卷136份,有效问卷率为72.0%。

在调查的大学衍生企业中,首先是化工技术62家占45.6%,而电子技术紧随其后,以28家的数量占据了20.6%的席位;其次是农业技术17家占12.5%;再次是能源环保行业10家占7.4%;最后是信息通信、生命科学、新材料新能源领域的数量分别占5.2%、4.3%、3.0%的比例,其他行业占1.4%。

这些样本企业的员工人数在50人及以下的占43.1%,51~200人的占38.5%,201~400人的占6.1%,401人及以上的只占12.3%。从样本的学者职位来看,首先担任董事长、总经理的占绝大多数,所占比例为63.0%,其次是技术管理人员,占23.1%,再次是技术顾问,占9.7%,最后是运营管理人员和董事,分别占2.8%、1.4%,其中担任财务和营销管理人员的样本没有。从样本的学者年龄来看,依次是30岁及以下占7.6%,31~40岁占30.3%,41~50岁占46.9%,51岁及以上占15.2%。从学者的创业经历来看,首先是1~3次,占绝大多数,占比为83.7%,其次是4~6次,占15.1%,最后是7次以上只占1.2%。

3. 风险企业数据收集

本部分采用了较成熟的量表,经过与笔者的博士生导师及相关专家磋商并根据他们提出的建议对相应的问卷进行了调整,最终形成了初步调查问卷(采用李克特七分量表,源于七分量表可以增加变量的变异量,提高变量之间的区分度,以此提高量表的测量精度),并以湖南长沙高新技术开发区内50家风险企业为对象进行了预调查,结果表明,该问卷具有很好的信度和效度。

在最终调查问卷形成以后,主要在长沙、武汉、南京、杭州、上海等地区进行问卷调查。为了提高回收率、获取更多的样本数据,本调查主要采用了如下几种途径:一是亲自去企业发放问卷并及时回收;二是通过邮寄回收问卷；三是通过老师、同学等各种社会关系发放问卷，然后根据被调查对象的送达方式完成问卷调查；四是通过访谈完成相应的问卷；五是通过阅读创业者故事和创业企业网站的信息完成问卷。本调查采用无记名方式，最终收集问卷680份，其中有效问卷334份，有效问卷率达49.1%。

从样本的填写人员类别来看，创业者填写的样本占60%，其中具有一次以上创业经历的创业者占44.5%，表明大多数创业者都是第一次创业；创业投资家填写的样本占40%，其中具有投资经历的占绝大多数，达到83.3%。从创业者与创业投资家的认识途径来看，排在前四位的是熟人或相识、风险投资项目对接会、企业家社交活动、通过第三方权威结构，分别占50%、14.4%、13.5%、9.2%，其他途径总共占12.9%。这表明创业者与创业投资家能否合作很大程度上取决于双方能否取得对方的信任。在调查的风险企业中，首先是医疗保健行业115家占34.5%，而IT行业则紧随其后，以82家的数量占据了24.7%的席位；其次是能源环保行业71家占21.3%；再次是传媒娱乐42家占11.6%；最后是化工行业、金融服务以及传统行业的数量略低，分别占3.4%、2.2%、1.5%的比例，其他行业占0.8%。

三、统计分析方法

本书所采用的统计分析方法主要有三种：一是探索性因子分析；二是验证性因子分析；三是结构方程模型，其中采用的软件主要为SPSS中文版和AMOS。

探索性因子分析在SPSS统计软件中完成。主要步骤是以主成分分析法（Principe Components）进行因素抽取，且只抽出特征值大于1的部分，并以正交旋转法（Orthogonal Rotation）的方差最大法（Varimax）或斜交旋转法（Direct Oblimin）进行旋转，然后检验各题项的因素载荷值（Factor Loading）。在探索性因子分析中要检验两类指标：①KMO 指标与 Bartlett 球形检验指标。这两个指标反映了测量工具是否适合做探索性因子分析。Kaiser（1974）提出了样本足度指标 KMO（Kaiser-Meyer-Olkin measure of sampling adequacy）数值与因素适合性的关系，一般而言，该值应不低于0.7。然而球形检验（Bartlett's Test of Sphericity）应达到0.05 的显著水平。②因素载荷值。参照 Hair 等（1998）的准则，在样本量超过50 的情况下，因子载荷值大于0.3 的题项可认为是显著的，因子载荷值大于0.4 的题项被认为是很重要的，因子载荷值大于0.5 的题项则应当被认为是非常重要的；另外，跨载荷不超过0.40。① 在满足上述条件的情况下，可以认为测量项目具有良好的聚合效度与区别效度。

验证性因子分析是一种证实的技术，主要采用结构方程模型 AMOS 软件完成。结构方程模型是近年来广为社会科学领域所重视的分析方法，也是回归分析的延伸。它从构建模型出发，用观测数据与构想模型进行拟合，检验观测数据对理论模型的支持程度。其最大优势在于，允许有测量误差的情况下，同时对观测变量与潜变量以及潜变量与潜变量之间的关系进行检验，因而其检验效力更高，常用于社会、心理结构及其关系模型的探讨（陈加州等，2003）。② 验证一个理论模型（包括结构模型与测量模型）是否与观测数据相符，要通过一系列指标来反映。邱浩政（2004）将契合度指标分成四类：①卡方检验，p 值与 χ^2/df 值；②适合度指标，GFI、AGFI、PGFI、NFI、NNFI 等；③替代性指标，NCP、CFI、RMSEA、AIC、

---

① Hair J. F., Anderson R. E., Tatham R. L., Black W. C. Multivariate data analysis [M]. Upper Saddle River, NJ: Prentice Hall, 1998.
② 陈加州, 凌文辁, 方俐洛. 企业员工心理契约的结构维度 [J]. 心理学报, 2003, 35 (3): 404-410.

CAIC、CN；④残差分析，RMR、SRMR。① 根据指标含义及应用普遍性情况，本书选择了如下指标：χ^2/df、GFI、NFI、AGFI、CFI、RMSEA 等。

χ^2（卡方）指数是反映整体拟合优度的一个重要指数。当 p 值未达到显著水平时，卡方检验接受虚无假设，即理论矩阵与观察矩阵没有差异，从而代表模型拟合良好。但根据 Hair 等（1998）的观点，卡方指数对样本量过于敏感，并且随着样本规模扩大，卡方指数更有可能解释等价模型的显著差异性。另外，按照 SEM 的简约原理，在相同卡方值下自由度大的模型更应受欢迎。因此，一般用卡方自由度比（χ^2/df）来衡量模型的拟合程度。一般认为，该值小于 2 时，表示模型有理想的拟合度。近似误差的均方根（Root Mean Square Error of Approximation，RMSEA）是近年来广被采纳的指数。与 CFI（Comparative-fit Index）不同，RMSEA 在比较理论模型与完全拟合的饱和模型存在差距时，不受样本大小与模型复杂程度的影响。RMSEA 数值越大，代表模型越不理想。McDonald 和 Ho（2002）建议低于 0.08 可以视为一个好的模型，指数大于 0.10 表示模型不理想。② GFI（Goodness-of-Fit Index）、AGFI（Adjusted Goodness-of-Fit Index）、NFI（规范拟合指数，Bentler-Bonett Normed Fit Index）、CFI 等指标的值介于 0 与 1 之间，数值越大代表模型越理想，一般要求该值在 0.90 以上。Segars 和 Grover（1993）则指出拟合优度指数（GFI）的容忍范围可以降低到 0.80 以上，Bagozzi 和 Yi（1998）认为，研究者建议 GFI 在 0.9 以上可以视为有理想的契合度，但是以 0.9 为标准，或许有些过于保守。③

---

① 邱浩政. 结构方程模式——LISREL 的理论、应用与技术 [M]. 台北：双叶书廊图书公司，2004.

② McDonald R. P., Ho R. M. Principles and practice in reporting structural equation analyses [J]. Psychological Methods, 2002, 7 (1)：64-82.

③ Bagozzi R. P., Yi Y. On the evaluation of structural equation models [J]. Academic of Marketing Science, 1988 (16)：74-94.

第五章 数据分析与结果讨论

本章主要是运用相应的统计方法对本书获取的数据进行分析,以此验证前面章节中提出的理论假设。本章内容安排如下:首先,对本书中涉及的所有变量进行效度与信度检验;其次,运用结构方程模型来分析各变量之间的关系,阐述和解释对本书所提出的关系假设进行验证的过程。

第一节 测量的信度与效度评估

结构方程模型(Structual Equation Modeling, SEM)是一种非常通用的、重要的线性统计建模技术,广泛应用于心理学等社会科学领域的研究。结构方程模型主要是一种证实性技术,通过它可以来确定特定研究模型的合理性。因此,本书也采用这种技术来验证所提出的理论模型,主要分析步骤包括:一是测量模型的信度与效度评估;二是检验结构模型内部的因果关系,[1] 目的在于确保对本书构思变量的测量具有可信性和有效性。

---

[1] Anderson J. C., Gerbing D. W. Structural equation modeling in practice: A review and recommended two-step approach [J]. Psychological Bulletin, 1988, 103 (3): 411-423.

效度也称有效度或者准确度，指的是所设定的测量工具所能够测到的想要测试的心理或行为特质的程度。测量的效度通常有很多种类型，譬如，内容效度（Content Validity）、建构效度（Construct Validity）等，本书主要采用聚合效度（Convergent Validity）和区分效度（Discriminant Validity）来检验测量模型。一般而言，聚合效度是由潜在变量提取的平均方差（Average Variance Extracted，AVE）来说明。Carmines 和 Zeller（1979）研究表明，接受测量项目的一个常用标准是测量项目的解释力超过其误差方差（Error Variance），相对于测量误差来说，AVE 评价了潜在构思变量所解释的方差总量；如果提取的平均方差达到 0.5 或者以上则表示构思变量的测量有足够的聚合效度，因此，有学者（Fornell and Larcker, 1981）通常将 AVE 的最低水平设为 0.5。① 对于构思变量区分效度的检验，本书主要采用比较两个构思变量的 AVE 的均方根与这两个构思变量之间的相关系数的方法。如果有一个构思变量与其测量项目共有的方差多于其与其他构思变量共有的方差，则认定该构思变量具有区分性。因此，如果两个构思变量之间的相关系数（Φ 估计）小于这两个构思变量的 AVE 的均方根，那么区分效度就达标了。

测量的信度（Reliability）指的是概念测量的可靠程度，也就是说，所选择的测量工具能否稳定地测量需要测量的概念。信度的高低反映了测量结果的一致性或稳定性等特征，主要取决于测量误差的大小。一般来说，信度可界定为真实分数（True Score）的方差与观察分数（Observed Score）的方差比例。就信度来看，主要有再测信度（Retest Reliability）、折半信度（Split Half Reliability）、α 信度（Cronbach α）、建构信度（Construct Reliability）。本书主要采用在社会科学中常用的 α 信度系数，如果 α 信度系数超过 0.7，那么表明测量具有可接受的信度。

---

① 吴明隆. SPSS 统计应用实务：问卷分析与应用统计 [M]. 北京：北京科学出版社，2003.

测量信度和效度时,要求所有变量测量项目的因子负载超过一定标准,并且达到统计显著性水平。在社会科学领域中,一般推荐标准化因子负载的最低水平为0.49。

一、新创企业:信度与效度测量

1. 创业导向与创业绩效:资源整合能力视角

根据结构方程模型的要求,采用最大似然估计法对模型进行参数估计的条件是样本数据应符合正态分布。通过 AMOS 6.0 对样本数据进行分析,27个观察变量的偏态系数的绝对值都介于0.056~0.761,均小于3,峰度系数的绝对值都介于0.578~0.954,远小于10,因此样本数据被认为是符合正态分布的。

通过验证性因子分析,本部分检验了各个变量的效度与信度(见表5-1、表5-2),结果显示,测量模型是可以接受的。

表5-1 变量的信度与效度

变量	Cronbach's α	χ^2(df)	GFI	AGFI	RMSEA
资源整合能力	0.8321	551.298(283)	0.960	0.933	0.059
创业导向	0.7769	81.743(54)	0.978	0.952	0.048
创业绩效	0.8902	77.301(43)	0.953	0.917	0.035

表5-2 变量之间的相关性

	资源整合能力	创业导向	创业绩效
资源整合能力	1.000	—	—
创业导向	0.542	1.000	—
创业绩效	0.236	0.491	1.000

2. 创业导向与创业绩效：网络嵌入视角

根据结构方程模型的要求，采用最大似然估计法对模型进行参数估计的条件是样本数据应符合正态分布。通过 AMOS 6.0 对样本数据进行分析，27 个观察变量的偏态系数的绝对值都介于 0.056~0.761，均小于 3，峰度系数的绝对值都介于 0.578~0.954，远小于 10，因此样本数据被认为是符合正态分布的。

由于目前对于网络嵌入的测量并没有现成的成熟量表，所以首先需要利用探索性因子分析来判断该量表的结构。本部分主要采用主成分分析法，先对变量进行正交方差最大旋转，然后经过三步迭代剔除因子载荷低于 0.4 的条目 FGP5，其他条目的载荷都在 0.5 以上，对变量的累计方差贡献率为 66.72%，KMO 样本充分性检验值为 0.797，大于 0.7，Bartlett 球形检验值为 1175.832，χ^2 卡方值为 1966.358，df 为 168，$p<0.01$。这些数值充分说明本样本非常适合做因子分析。萃取变量是指某一潜变量对所属的测量指标所能解释的变异百分比，其判断标准一般大于 0.5。[①] 从表 5-3 的结果来看，这些指标基本符合标准。

表 5-3 探索性因子分析结果

题项序号		因子负载								萃取变量
		因子1	因子2	因子3	因子4	因子5	因子6	因子7	因子8	
网络嵌入	SNE1	0.556								0.672
	SNE2	0.578								0.731
	SNE3	0.621								0.734
	SNE4	0.653								0.687

① 李雪灵，姚一玮，王利军. 新企业创业导向与创新绩效关系研究：积极型市场导向的中介作用 [J]. 中国工业经济，2010，267 (6)：116-125.

续表

题项序号		因子负载								萃取变量
		因子1	因子2	因子3	因子4	因子5	因子6	因子7	因子8	
网络嵌入	RNE1		0.567							0.585
	RNE2		0.664							0.691
	RNE3		0.645							0.702
	CNE1				0.541					0.622
	CNE2				0.522					0.658
	CNE3				0.518					0.590
创业导向	EO1			0.717						0.753
	EO2			0.681						0.742
	EO3			0.735						0.729
	EO4						0.703			0.674
	EO5						0.682			0.688
	EO6						0.675			0.695
	EO7					0.697				0.713
	EO8					0.706				0.764
	EO9					0.712				0.678
创业绩效	FFP1							0.573		0.621
	FFP2							0.565		0.644
	FFP3							0.603		0.617
	FGP1						0.556			0.596
	FGP2						0.585			0.581
	FGP3						0.643			0.673
	FGP4						0.596			0.586

本部分采用内部一致性法来检验各变量的信度,主要采用Cronbach's α系数来衡量。探索性因子分析的结果(见表5-4)显示,结构性嵌入、关

系性嵌入、认知性嵌入、创业导向以及创业绩效变量的 Cronbach's α 系数分别为 0.759、0.801、0.777、0.853、0.724，均超过了 0.700，所以各变量具有较好的信度。

本部分采用结构方程模型来检验各个变量的内容效度和结构效度，由于各变量的题项衡量都是借鉴国内外学者的研究，因此具有较好的内容效度。结构效度一般用收敛效度和区别效度来衡量。依据 Bollen 等（2005）的建议，主要采用卡方自由度比值 χ^2（df）、拟合优度指数 GFI、调整拟合优度指数 AGFI、近似误差均方根 RMSEA 等具有代表性的模型拟合指数。[①] 通过验证性因子分析（见表5-4），结果表明，模型与数据具有较好的拟合度，同时各变量的收敛效度较好。

表5-4 各变量验证性因子分析结果

变量	衡量项目	标准因子负载	t 值	χ^2（df）	GFI	AGFI	RMSEA
网络嵌入	结构性嵌入	0.812	9.933	687.696 (68)	0.917	0.909	0.048
	关系性嵌入	0.771	9.145				
	认知性嵌入	0.876	12.867				
创业导向	创新性	0.785	9.321	646.574 (54)	0.946	0.922	0.039
	行动超前性	0.818	9.978				
	风险承担性	0.843	10.936				
创业绩效	生存绩效	0.845	10.752	595.658 (46)	0.934	0.918	0.041
	成长绩效	0.829	10.178				

对于区别效度的验证，根据 Anderson 和 Gerbing（1988）的建议，本

---

① Bollen L., Vergauwen P., Schnieders S. Linking intellectual capital and intellectual property to company performance [J]. Management Decision, 2005, 43（9）：1161-1185.

部分计算了各变量间的相关系数矩阵及误差。其结果如表 5-5 所示，各变量间的相关系数绝对值在 0.322~0.515，各相关系数的置信区间都不含1.0，表明各变量是具有显著区别的概念，区别效度得到了验证。

表 5-5 变量之间的描述性统计和相关矩阵

	Mean	SD	结构性嵌入	关系性嵌入	认知性嵌入	创业导向	创业绩效
结构性嵌入	4.335	1.119	1.000	—	—	—	—
关系性嵌入	4.817	1.235	0.346**	1.000	—	—	—
认知性嵌入	4.026	1.018	0.458**	0.301**	1.000	—	—
创业导向	5.481	2.714	0.464**	0.336**	0.322**	1.000	—
创业绩效	4.667	1.038	0.515**	0.456**	0.324**	0.388**	1.000

注：* 表示 $p<0.05$，** 表示 $p<0.01$（单边检验）。

3. 创业导向与创业绩效：组织创业氛围视角

如前所述，测量创业导向和创业绩效基本采用了比较成熟的量表，而且对组织创业气氛也是合理分析相关文献后确定其测量题项，通过预调查等方法确保数据具有较好的信度和效度。为此，本部分采用主成分分析法首先对组织创业气氛变量进行探索性因子分析来判断其结构的合理性，其中变量的累计解释量为 64.278%，KMO 样本充分性检验值为 0.627，Bartlett 球形检验值为 983.545，$p<0.01$。如表 5-6 所示，组织创业气氛的五个构面：创新支持、目标认同、工作自主、诚信互动、外在导向的 Cronbach's α 系数分别为 0.831、0.787、0.823、0.813 和 0.789，都在 0.700 以上，说明此变量结构具有很好的信度。然后，本部分采用内部一致性法（Cronbach's α 系数）来检验量表的整体信度。通过统计表明，本部分变量组织创业气氛、创业导向以及创业绩效的 Cronbach's α 系数分别为 0.845、0.876、0.892，都在 0.700 以上，故本量表的结构完全符合测量的信度要求。

表 5-6 组织创业气氛的探索性因子分析结果

测量题项	创新支持	目标认同	工作自主	诚信互动	外在导向	Item-to-total	Cronbach's α	
OEC1			0.812			0.557	0.756	
OEC6			0.776			0.648	0.783	
OEC7			0.733			0.638	0.787	0.823
OEC14			0.721			0.631	0.791	
OEC3					0.795	0.476	0.825	
OEC5					0.781	0.543	0.717	
OEC11					0.753	0.578	0.748	0.789
OEC20					0.698	0.529	0.725	
OEC2	0.755					0.498	0.816	
OEC9	0.731					0.527	0.823	
OEC10	0.743					0.535	0.801	0.831
OEC18	0.689					0.443	0.798	
OEC4				0.845		0.689	0.790	
OEC13				0.793		0.657	0.775	
OEC15				0.766		0.645	0.802	0.813
OEC16				0.764		0.554	0.806	
OEC8		0.856				0.716	0.754	
OEC12		0.800				0.689	0.736	
OEC17		0.777				0.673	0.767	0.787
OEC19		0.692				0.598	0.714	

效度评估一般是检验变量的内容效度和建构效度，而后者实际上又是对收敛效度和区别效度进行测量。首先，因为各变量测量题项都来源于国内外学者的相关成果，所以本部分的内容效度很符合统计分析的要求。其次，对于收敛效度和区别效度，利用结构方程模型进行测量。一方面，收敛效度可根据 χ^2（df）、GFI、AGFI、RMSEA 等具有代表性的模型拟合指

数进行度量。通过验证性因子分析后,具体结果如表 5-7 所示。从表 5-7 中不难发现,各变量的拟合指数都很好,表明各变量的收敛效度较好。另一方面,区别效度可凭借各变量相关系数矩阵来度量。通过相关统计分析,各变量间的相关系数矩阵及误差如表 5-8 所示。各变量间的相关系数绝对值都在 0.165~0.612,而且置信区间均未含 1.0,说明各变量的区别效度很符合统计要求。

表 5-7 各变量验证性因子分析结果

变量	衡量项目	标准因子负载	t 值	拟合指标			
				χ^2(df)	GFI	AGFI	RMSEA
组织创业气氛	创业支持	0.844	12.235	287.204 (178)	0.935	0.912	0.054
	目标认同	0.766	10.446				
	工作自主	0.777	11.326				
	诚信互动	0.818	9.978				
	外在导向	0.792	9.581				
创业导向	创新性	0.875	13.616	108.276 (116)	0.958	0.945	0.037
	行动超前性	0.867	12.711				
	风险承担性	0.843	11.876				
创业绩效	生存绩效	0.835	10.552	45.234 (36)	0.943	0.926	0.035
	成长绩效	0.829	10.098				

表 5-8 变量之间的描述性统计和相关矩阵

	Mean	SD	组织创业气氛	创业导向	创业绩效
组织创业气氛	5.433	1.113	1.000	—	—
创业导向	4.362	1.038	0.608	1.000	—
创业绩效	5.124	1.066	0.168	0.524	1.000

二、大学衍生企业：信度与效度测量

1. 创业导向与创业绩效：学术型创业者动机视角

本书首先采用内部一致性法来检验各变量的信度。一般来说，内部一致性法主要采用以 Cronbach's α 系数来衡量，由表 5-9 检验结果可知，创业导向、知识创造、创业绩效各个变量的 Cronbach's α 系数均超过了 0.7，所以各变量具有较好的信度。

表 5-9 信度与效度分析结果

变量	衡量项目	Cronbach's α	因子负载	t 值	拟合指标			
					χ^2 (df)	GFI	AGFI	RMSEA
学术型创业者动机	个人因素	0.892	0.897	11.613	101.448 (176)	0.959	0.946	0.0481
	机会因素	0.876	0.895	10.912				
	科学知识	0.849	0.832	9.875				
	资源获取	0.851	0.811	9.216				
	孵化器因素	0.779	0.787	9.314				
	社会环境	0.733	0.762	9.001				
创业导向	创新性	0.864	0.877	10.178	98.660 (88)	0.966	0.943	0.0345
	行动超前性	0.856	0.825	11.313				
	风险承担性	0.849	0.783	9.736				
创业绩效	财务绩效	0.732	0.817	9.223	39.454 (47)	0.937	0.922	0.0533
	非财务绩效	0.786	0.855	10.761				

本部分采用结构方程模型来检验各个变量的内容效度和构造效度，由

于本部分各变量的测量项目都是借鉴国内外学者的研究，因此具有较好的内容效度。构造效度一般用收敛效度和区别效度来衡量，主要采用 χ^2（df）、GFI、AGFI、RMSEA 等具有代表性的模型拟合指数。通过验证性因子分析（见表 5-9），结果表明，模型与数据具有较好的拟合度，同时各变量的收敛效度较好。

本书根据 Anderson 和 Gerbing（1988）的建议来验证各变量的区别效度，并计算了各变量间的相关系数矩阵及误差。其结果如表 5-10 所示，各变量间的相关系数绝对值在 0.244~0.557，表明各变量是具有显著区别的概念，因此，区别效度得到了较好的验证。

表 5-10 变量之间的相关性

	Mean	SD	学术型创业者动机	创业导向	创业绩效
学术型创业者动机	5.433	1.113	1.000	—	—
创业导向	4.362	1.038	0.557	1.000	—
创业绩效	5.124	1.066	0.244	0.418	1.000

2. 创业导向与创业绩效：学术型创业者资源支持视角

本部分中多数变量所采用的测量题项都是从现有的相关文献中摘录的，经过了多次证明和验证，而且通过了大规模调查前的相关测试（如调查访谈、探索性因子分析等），从而保证数据具有较好的信度和效度。但就学术型创业者资源支持而言，现有文献中并没有成熟的测量量表，因此，首先需要利用主成分分析法进行探索性因子分析来判断该量表的结构，变量的累计方差贡献率为 64.276%，KMO 样本充分性检验值为 0.821，Bartlett 球形检验值为 687.426，p<0.01。从表 5-11 的结果来看，学术型创业者资源支持的六个构面：创业管理支持、政策支持、资金支持、基础设施支

持、信用支持、社会资本支持的 Cronbach's α 系数分别为 0.825、0.776、0.845、0.765、0.779 和 0.839，均超过了 0.700 的水平，表明该量表具有较好的信度。然后，采用内部一致性法来检验各变量的整体信度。一般来说，内部一致性主要也是采用 Cronbach's α 系数来衡量。通过测量表明，学术型创业者动机、创业导向以及衍生企业绩效变量总的 Cronbach's α 系数分别为 0.851、0.865、0.873，均超过了 0.700，所以各变量具有较好的信度。

表 5-11 学术型创业者资源支持的探索性因子分析结果

测量题项	创业管理支持	政策支持	资金支持	基础设施支持	信用支持	社会资本支持	Item-to-total	Cronbach's α	
AERS1				0.862			0.747	0.811	
AERS6				0.828			0.683	0.799	
AEM11				0.781			0.646	0.741	0.825
AEM17				0.830			0.655	0.803	
AERS2					0.822		0.687	0.768	
AERS4					0.659		0.644	0.754	0.776
AERS9					0.721		0.588	0.692	
AERS7			0.855				0.699	0.738	
AERS8			0.879				0.761	0.791	
AERS12			0.848				0.669	0.827	0.845
AERS13			0.900				0.712	0.819	
AERS23			0.834				0.795	0.807	
AERS3		0.741					0.543	0.609	
AERS16		0.722					0.711	0.678	0.765
AERS18		0.735					0.638	0.724	

第五章 数据分析与结果讨论

续表

测量题项	创业管理支持	政策支持	资金支持	基础设施支持	信用支持	社会资本支持	Item-to-total	Cronbach's α	
AERS5						0.897	0.686	0.723	0.779
AERS10						0.768	0.615	0.749	
AERS14						0.746	0.587	0.736	
AERS20						0.721	0.595	0.643	
AERS15	0.853						0.656	0.695	0.839
AERS19	0.807						0.676	0.789	
AERS21	0.789						0.652	0.785	
AERS22	0.792						0.643	0.808	

本部分采用结构方程模型来检验各变量的内容效度和构造效度，由于各变量的测量题项都是借鉴国内外学者的研究，因此具有较好的内容效度。构造效度一般用收敛效度和区别效度来衡量，主要采用 χ^2（df）、GFI、AGFI、RMSEA 等具有代表性的模型拟合指数。通过验证性因子分析（见表5-12），结果表明，模型与数据具有较好的拟合度，同时各变量的收敛效度较好。

表5-12 各变量验证性因子分析结果

变量	衡量项目	标准因子负载	t值	拟合指标			
				χ^2（df）	GFI	AGFI	RMSEA
学术型创业者资源支持	创业管理支持	0.819	11.362	278.456（184）	0.918	0.906	0.062
	政策支持	0.799	10.215				
	资金支持	0.832	11.224				
	基础设施支持	0.787	9.886				
	信用支持	0.801	9.685				
	社会资本因素	0.813	8.823				

续表

变量	衡量项目	标准因子负载	t值	拟合指标 χ^2 (df)	GFI	AGFI	RMSEA
创业导向	创新性	0.863	12.924	89.984 (82)	0.954	0.920	0.051
	行动超前性	0.858	12.313				
	风险承担性	0.824	11.558				
创业绩效	生存绩效	0.827	11.567	68.945 (40)	0.938	0.912	0.039
	成长绩效	0.816	10.382				

对于区别效度的验证，本书根据 Anderson 和 Gerbing (1988) 的建议，计算了各变量间的相关系数矩阵及误差。其结果如表5-13所示，各变量间的相关系数绝对值在 0.228~0.557，各相关系数的置信区间都不含1.0，表明各变量是具有显著区别的概念，区别效度得到了验证。

表 5-13 变量之间的描述性统计和相关矩阵

	Mean	SD	学术型创业者动机	创业导向	创业绩效
学术型创业者动机	5.137	1.059	1.000	—	
创业导向	4.664	1.038	0.557	1.000	—
创业绩效	5.332	1.116	0.228	0.446	1.000

三、风险企业：信度与效度测量

本部分主要是测量信任利用方式、创业导向与风险企业创业绩效的信度与效度。由于所采用的多数变量的测量题项都是从现有的相关文献中摘录的，经过了多次证明和验证，而且通过了大规模调查前的相关测试（如调查访谈、探索性因子分析等),从而保证数据具有较好的信度和效度。但就信任的利用方式而言,现有文献中并没有现成的测量量表,因此,首先,采用主成分分析法进行探索性因子分析来判断该量表的结构,变量的累计方差贡献率为56.2%,KMO样本充分性检验值为0.664,Bartlett球形检验值为189.335,p<0.01。从表5-14的结果来看,信任的开发式利用和探索式利用的Cronbach's α系数分别为0.870和0.861,均超过了0.700的水平,表明该量表具有较好的信度。其次,采用内部一致性法来检验其他变量的信度。一般来说,内部一致性主要也是采用Cronbach's α系数来衡量。通过测量表明,创业导向与创业绩效变量总的Cronbach's α系数分别为0.834、0.892,均超过了0.700,所以各变量具有较好的信度。

表5-14 信任利用方式的探索性因子分析结果

测量题项	开发式利用	探索式利用	Item-to-total	Cronbach's α	
花费大量时间维持既有的关系网络	0.745	-0.071	0.487	0.817	
创业者与创业投资家之间频繁的沟通交流	0.701	-0.178	0.436	0.821	0.870
花费于维持既有关系的资金更多	0.773	0.016	0.563	0.858	
合作前认识的朋友对创业的帮助更大	0.722	0.129	0.445	0.832	
合作后花费大量时间建立新的关系网络	0.004	0.802	0.531	0.859	
创业者与创业投资家频繁与新网络中朋友沟通交流	0.062	0.788	0.492	0.813	0.861
花费建立新关系网络的资金更多	0.027	0.732	0.378	0.814	
合作后认识的新朋友对创业的帮助更大	-0.118	0.699	0.447	0.825	

本部分采用结构方程模型来检验各个变量的内容效度和构造效度,由于各变量的题项衡量都是借鉴国内外学者的现有研究,因此具有较好的内容效度。构造效度一般用收敛效度和区别效度来衡量,主要采用χ^2(df)、

GFI、AGFI、RMSEA 等具有代表性的模型拟合指数。通过验证性因子分析（见表5-15），结果表明，模型与数据具有较好的拟合度，同时各变量的收敛效度较好。

表5-15 各变量验证性因子分析结果

变量	衡量项目	标准因子负载	t值	拟合指标			
				χ²（df）	GFI	AGFI	RMSEA
开发式利用	时间投入1	0.895	10.387	55.201（32）	0.929	0.924	0.034
	交流频率1	0.787	11.755				
	资金投入1	0.862	10.626				
	结果评价1	0.858	9.471				
探索式利用	时间投入2	0.815	10.178	53.839（28）	0.895	0.902	0.051
	交流频率2	0.773	11.913				
	资金投入2	0.769	10.736				
	结果评价2	0.752	9.552				
创业导向	创新性	0.883	12.314	87.531（116）	0.951	0.951	0.031
	行动超前性	0.876	11.207				
	风险承担性	0.834	8.923				
创业绩效	生存绩效	0.823	10.227	39.234（35）	0.915	0.933	0.047
	成长绩效	0.847	10.136				

对于区别效度的验证，本书计算了各变量间的相关系数矩阵及误差。其结果如表5-16所示，各变量间的相关系数绝对值在0.165~0.612，各相关系数的置信区间都不含1.0，表明各变量是具有显著区别的概念，区别效度得到了验证。

表 5-16 变量之间的相关性

	信任的开发式利用	信任的探索式利用	创业导向	创业绩效
信任的开发式利用	1.000	—	—	—
信任的探索式利用	0.612	1.000	—	—
创业导向	0.531	0.243	1.000	—
创业绩效	0.574	0.165	0.458	1.000

第二节 结果与讨论

如前所述，本书主要检验两个结构方程模型：一是直接模型，主要分析资源整合能力、网络嵌入、组织创业氛围、创业者资源支持、创业者动机、信任利用方式对创业绩效的直接影响；二是间接模型，主要是在直接模型的基础上，引入创业导向这个中介变量以后，分析不同视角对创业绩效的间接影响。

一、新创企业关系模型分析结果

1. 资源整合能力、创业导向与创业绩效

首先采纳单因素方差分析检验来验证四组样本的问卷填写人对各种变量产生的反应。分析结果表明，尽管在个别条目上存在一定差异，但是并不特别显著，因此，从总体上来讲，本部分的样本来源基本上不存在明显差异，即具有同质性，表明所采用的四种不同数据收集方法不会对本书的分析结果产生显著性影响。

本部分在资源整合能力、创业导向与创业绩效之间构建了相应的假设关系。图 5-1 展现了运用 AMOS 6.0 进行分析的各变量之间的路径关系。结果表明，所有的变量之间都具有相应的显著效应，而且还获得了比较满意的模型拟合指数（RMSEA = 0.035，GFI = 0.91，AGFI = 0.87，CFI = 0.86）。表 5-17 为本部分假设的实证验证结果。结果表明，所有的假设都获得了支持。

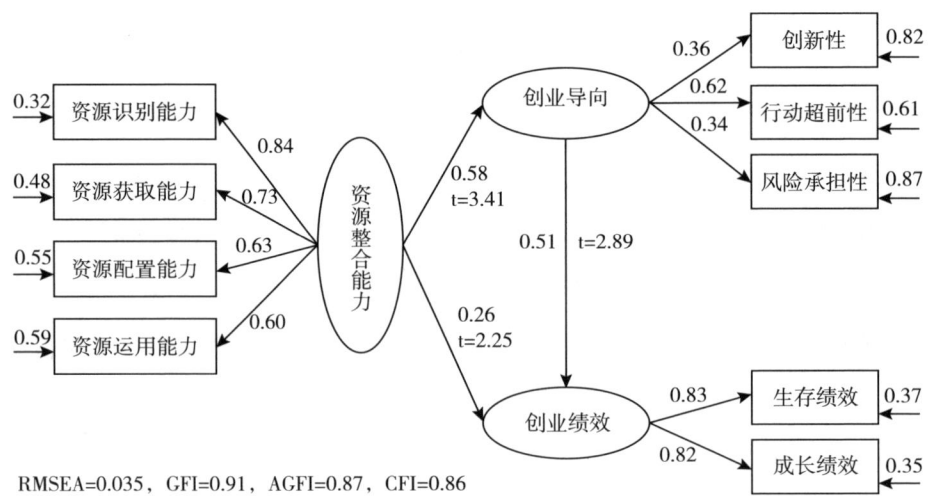

RMSEA=0.035，GFI=0.91，AGFI=0.87，CFI=0.86

图 5-1　各变量之间的路径关系

表 5-17　本书假设的验证结果

假设编号	假设关系	总效应	直接效应	间接效应	检验结果
H3.1.1	PIC → EP	0.56** (5.62)	0.26* (2.25)	0.30** (t = 3.36)	支持
H3.1.2	RIC → EO	0.58** (3.41)	0.58** (3.41)	—	支持
H3.1.3	EO → EP	0.50** (2.89)	0.50** (2.89)	—	支持

RMSEA = 0.035，GFI = 0.91，AGFI = 0.87，CFI = 0.86

注：* 表示 $p<0.05$，** 表示 $p<0.01$（单边检验）。

2. 网络嵌入能力、创业导向与创业绩效

本部分主要采纳单因素方差分析检验来验证三组样本的问卷填写人对各种变量产生的反应。具体分析结果表明，尽管在个别条目上存在一定差异，但是并不特别显著，因此，从总体上来讲，本部分的样本来源基本上不存在明显差异，即具有同质性，表明所采用的三种不同数据收集方法不会对分析结果产生显著性影响。基于此，利用结构方程模型来检验网络嵌入、创业导向与新创企业绩效的假设关系。

从直接模型的分析结果（见表 5-18、图 5-2）来看，结构性网络嵌入、关系性网络嵌入以及认知性网络嵌入都对创业绩效具有正向作用，所有直接假设都得到了验证。

表 5-18　直接模型的结构方程模型分析结果

假设路径	标准化系数	检验结果
H3.2.1a：结构性网络嵌入对新创企业绩效具有正向作用	0.291（6.946）**	支持
H3.2.1b：关系性网络嵌入对新创企业绩效具有正向作用	0.333（8.124）***	支持
H3.2.1c：认知性网络嵌入对新创企业绩效具有正向作用	0.247（4.259）*	支持
控制变量效应		
创业环境 → 创业绩效	0.313（6.077）**	
企业规模 → 创业绩效	0.278（9.938）***	
所属行业 → 创业绩效	0.253（7.745）***	
企业性质 → 创业绩效	0.166（8.331）**	
变异解释比例 R^2	0.601	
拟合优度指标	RMSEA = 0.053 GFI = 0.901　AGFI = 0.898 CFI = 0.920　NFI = 0.880	

注：*** 表示 $p<0.01$；** 表示 $p<0.05$；* 表示 $p<0.1$；括号中的数值为 t 值。

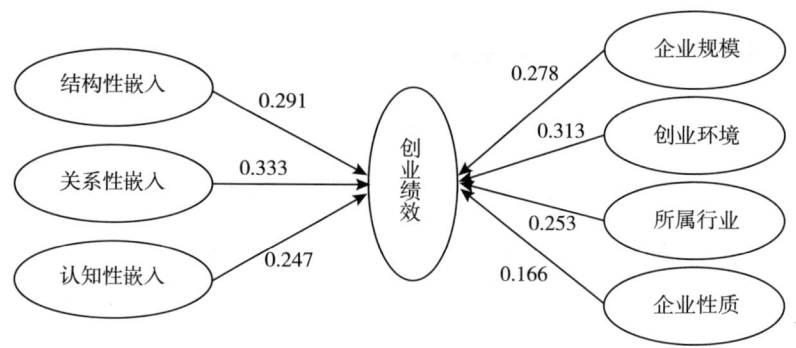

图 5-2 网络嵌入与新创企业绩效的直接模型

从间接模型的分析结果（见表 5-19、图 5-3）来看，大部分变量之间都具有相应的显著效应，而且还获得了比较满意的模型拟合指数（RMSEA = 0.061，GFI = 0.922，AGFI = 0.902，CFI = 0.924）。结果表明，网络嵌入对创业导向具有正向作用，创业导向对创业绩效具有正向作用，即 H3.2.2a、H3.2.2b、H3.2.2c、H3.2.3 得到支持；在创业导向下，结构性嵌入、关系性嵌入对创业绩效具有正向作用，但认知性嵌入对创业绩效不具有正向作用，即 H3.2.4a、H3.2.4b 得到支持，H3.2.4c 不支持。从表 5-20 也发现，引入创业导向以后，网络嵌入对创业绩效的促进作用更大。这些无疑都表明，创业导向部分中介了网络嵌入对创业绩效的促进作用。

表 5-19 间接模型的结构方程模型分析结果

假设路径	标准化系数	检验结果
H3.2.2a：结构性网络嵌入对创业导向具有正向作用	0.477（9.136）***	支持
H3.2.2b：关系性网络嵌入对创业导向具有正向作用	0.565（8.762）***	支持
H3.2.2c：认知性网络嵌入对创业导向具有正向作用	0.294（9.885）**	支持
H3.2.3：创业导向对创业绩效具有正向作用	0.616（6.332）***	支持
H3.2.4a：在创业导向下，结构性网络嵌入对创业绩效有正向作用	0.162（7.293）**	支持
H3.2.4b：在创业导向下，关系性网络嵌入与创业绩效有正向作用	0.199（6.824）**	支持

续表

假设路径	标准化系数	检验结果
H3.2.4c：在创业导向下，认知性网络嵌入与创业绩效有正向作用	0.105（6.001）	不支持
控制变量效应		
创业环境 → 创业绩效	0.202（4.941）**	
企业规模 → 创业绩效	0.238（6.675）***	
所属行业 → 创业绩效	0.188（4.762）***	
企业性质 → 创业绩效	0.154（5.235）**	
变异解释比例 R^2	0.625	
拟合优度指标	RMSEA=0.061 GFI=0.922 AGFI=0.902 CFI=0.924 NFI=0.879	

注：*** 表示 $p<0.01$；** 表示 $p<0.05$；* 表示 $p<0.1$；括号中的数值为 t 值。

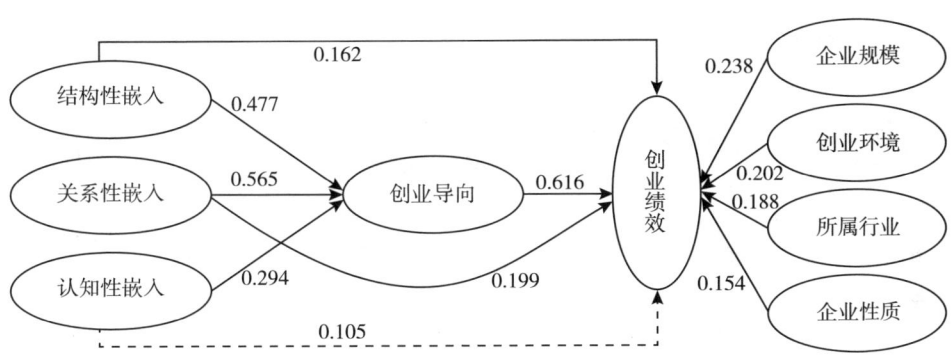

图 5-3　网络嵌入、创业导向与新创企业绩效关系模型

表 5-20　间接模型中变量之间的直接效应和间接效应

自变量	因变量		
	中介变量：创业导向	最终依赖变量：创业绩效	
		直接效应	间接效应
结构性网络嵌入	0.616	0.162	0.294
关系性网络嵌入	0.616	0.199	0.348
认知性网络嵌入	0.616	0.105	0.181

3. 组织创业氛围、创业导向与创业绩效

本部分在组织创业氛围、创业导向与创业绩效三者之间构建了相应的假设关系。运用 AMOS 软件进行结构方程模型分析后，各变量之间的路径关系如图 5-4 所示。从图 5-4 中可以发现，各变量之间均存在相应的显著效应，而且还获得了比较满意的模型拟合指数（RMSEA = 0.045，GFI = 0.932，AGFI = 0.903，CFI = 0.911，NFI = 0.942）。另外，表 5-21 为本部分进行假设验证的实证结果。表 5-21 说明，所有的假设关系都获得了数据支持。

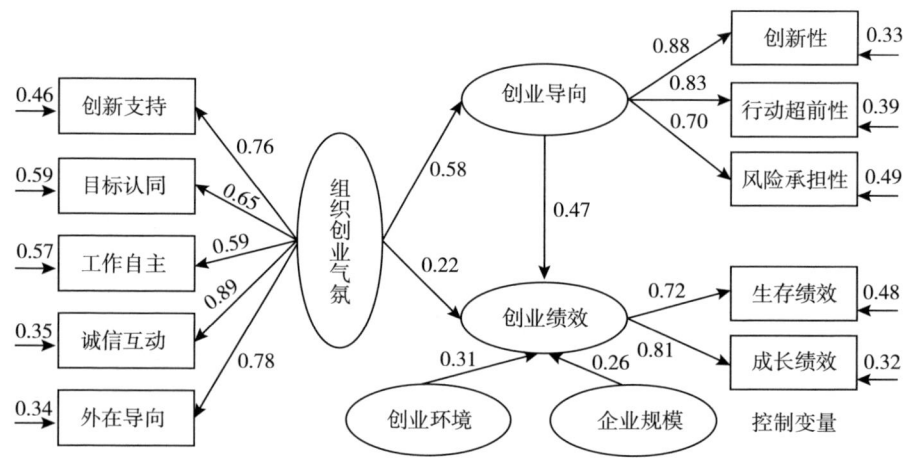

图 5-4 组织创业气氛、创业导向与创业企业绩效关系模型

表 5-21 参数估计及假设的验证结果

路径关系	路径系数估计值	t 值	对应假设	检验结果
组织创业气氛 → 创业绩效	0.22*	11.5	H3.3.1	支持
组织创业气氛 → 创业导向	0.58**	8.8	H3.3.2	支持
创业导向 → 创业绩效	0.47**	13.4	H3.3.3	支持
RMSEA = 0.045，GFI = 0.932，AGFI = 0.903，CFI = 0.911，NFI = 0.942				

注：* 表示 $p<0.05$，** 表示 $p<0.01$（单边检验）。

二、大学衍生企业关系模型分析结果

1. 学术型创业者动机、创业导向与创业绩效

本书主要采纳单因素方差分析检验来验证四组样本的问卷填写人对各种变量产生的反应。具体分析结果表明,尽管在个别条目上存在一定差异,但是并不特别显著,因此,从总体上来讲,本书的样本来源基本上不存在明显差异,即具有同质性,表明本书所采用的四种不同数据收集方法不会对本书的分析结果产生显著性影响。

本部分在学术型创业者动机、创业导向与创业绩效之间构建了相应的假设关系,图5-5展现了运用AMOS 7.0进行分析的各变量之间的路径关系。结果表明,所有的变量之间都具有相应的显著效应,而且还获得了比较满意

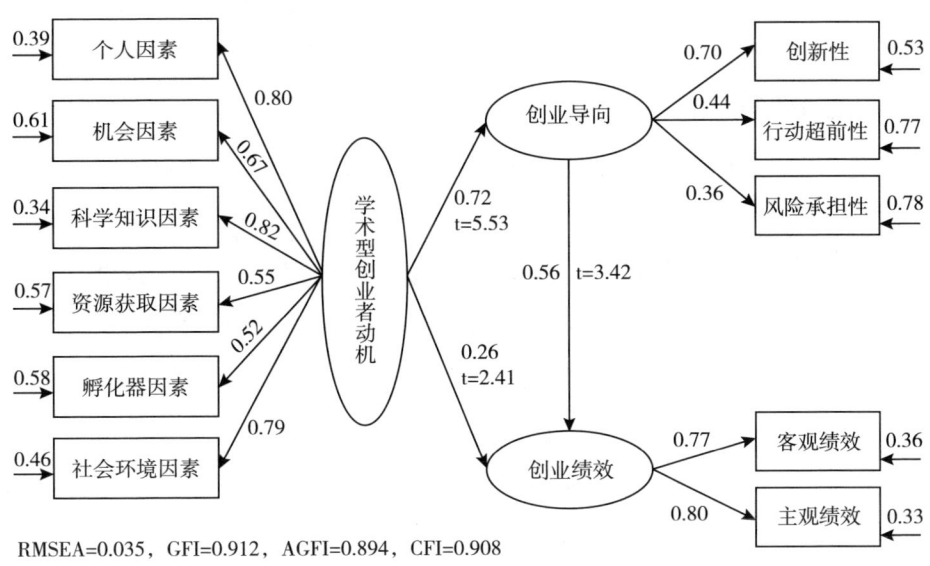

RMSEA=0.035,GFI=0.912,AGFI=0.894,CFI=0.908

图5-5 学术型和创业者动机、创业导向与大学衍生企业绩效关系模型

的模型拟合指数（RMSEA = 0.035，GFI = 0.912，AGFI = 0.894，CFI = 0.908）。表5-22为假设的实证验证结果。结果表明，所有的假设都获得了支持。

表5-22 假设的验证结果

假设编号	假设关系	总效应	直接效应	间接效应	检验结果
H3.4.1	EO → USP	0.66** (5.18)	0.26* (2.41)	0.40** (t = 3.19)	支持
H3.4.2	AEM → USP	0.72** (5.53)	0.72** (5.53)	—	支持
H3.4.3	AEM → EO	0.56** (3.42)	0.56** (3.42)	—	支持
RMSEA = 0.035，GFI = 0.912，AGFI = 0.894，CFI = 0.908					

注：* 表示 $p<0.05$，** 表示 $p<0.01$（单边检验）。

2. 学术型创业者资源支持、创业导向与创业绩效

本部分主要采纳单因素方差分析检验来验证四组样本的问卷填写人对各种变量产生的反应。具体分析结果表明，尽管在个别条目上存在一定差异，但是并不特别显著，因此，从总体上来讲，样本来源基本上不存在明显差异，即具有同质性，表明所采用的四种不同数据收集方法不会对本部分的分析结果产生显著性影响。

本部分在学术型创业者资源支持、创业导向与创业绩效之间构建了相应的假设关系，图5-6展现了运用AMOS 7.0进行分析的各变量之间的路径关系。结果表明，所有的变量之间都具有相应的显著效应，而且还获得了比较满意的模型拟合指数（RMSEA = 0.037，GFI = 0.917，AGFI = 0.899，CFI = 0.905）。表5-23为假设的实证验证结果。结果表明，所有的假设都获得了支持。

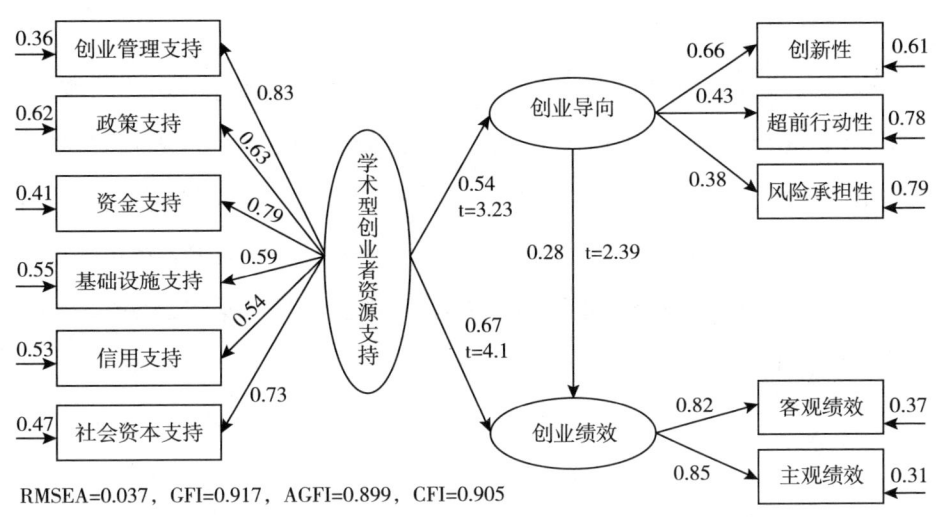

图 5-6 各变量之间的路径关系

表 5-23 假设的验证结果

假设编号	假设关系	总效应	直接效应	间接效应	检验结果
H3.5.1	EO → EP	0.64** (5.76)	0.28* (2.39)	0.36** (t=3.47)	支持
H3.5.2	AERS → EP	0.67** (4.11)	0.67** (4.11)	—	支持
H3.5.3	EO → AERS	0.54** (3.23)	0.54** (3.23)	—	支持
RMSEA=0.037, GFI=0.917, AGFI=0.899, CFI=0.905					

注：* 表示 $p<0.05$，** 表示 $p<0.01$（单边检验）。

三、风险企业关系模型分析结果

本部分主要采纳单因素方差分析检验来验证五组样本的问卷填写人对各种变量产生的反应。具体分析结果表明，尽管在个别条目上存在一定差异，但是并不特别显著，因此，从总体上来讲，本部分的样本来源基本上不存在明显差异，即具有同质性，表明所采用的五种不同数据收集方法不会对分析结果产生显著性影响。

本部分在信任利用方式、创业导向与风险企业绩效之间构建了相应的假设关系，图 5-7 展现了运用 AMOS 6.0 进行分析的各变量之间的路径关系。结果表明，所有的变量之间都具有相应的显著效应，而且还获得了比较满意的模型拟合指数（RMSEA = 0.04，GFI = 0.90，AGFI = 0.94，CFI = 0.93，NFI = 0.94）。表 5-24 为假设的实证验证结果。结果表明，所有的假设都获得了支持。

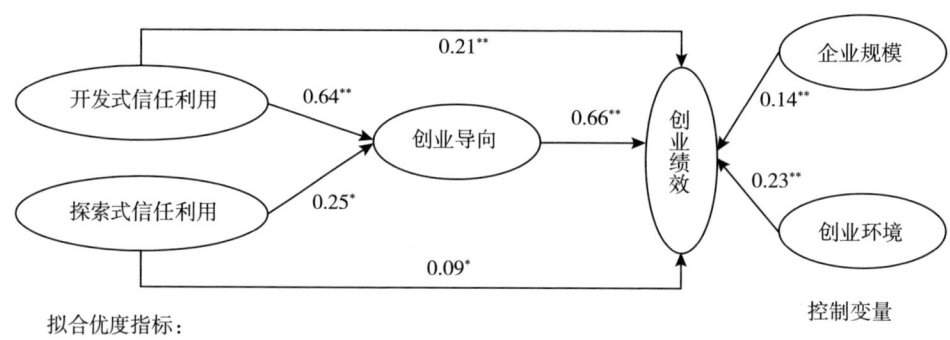

图 5-7 信任利用方式、创业导向与风险企业绩效关系模型

表 5-24 参数估计及假设的验证结果

路径关系	路径系数估计值	t 值	对应假设	检验结果
信任的开发式利用 → 创业绩效	0.21**	13.6	H3.6.1a	支持
信任的探索式利用 → 创业绩效	0.09*	10.7	H3.6.1b	支持
信任的开发式利用 → 创业导向	0.64**	9.5	H3.6.2a	支持
信任的探索式利用 → 创业导向	0.25**	6.5	H3.6.2b	支持
创业导向 → 创业绩效	0.66**	15.2	H3.6.3	支持
RMSEA = 0.04，GFI = 0.90，AGFI = 0.94，CFI = 0.93，NFI = 0.94				

注：* 表示 $p<0.05$，** 表示 $p<0.01$（单边检验）。

第六章 结论与展望

本章是本书的结论与展望部分,主要内容包括三个方面:①依据经验数据,总结本书的主要研究结论;②阐述本书的理论贡献及其对管理实践的启示;③检讨本书存在的局限并展望未来的研究方向。

第一节 研究结论

本书立足前人的研究成果,以不同类型的新创企业为样本,探讨了不同视角下创业导向对创业绩效的作用机理,提出了本书的概念模型与研究假设,并通过实证数据与相应方法对其进行了检验,由此本书得出如下相应的研究结论:

一、创业导向与新创企业绩效关系:资源整合能力视角

基于资源整合能力视角探讨创业导向与新创企业创业绩效的关系,通过实证分析得出了如下结论:

(1) 资源整合能力对创业绩效产生了积极影响。因此,对新创企业

不同视角下创业导向对创业绩效的作用机理

特别是高新技术企业而言,要关注资源整合的全部过程,不断提高资源识别、获取、配置以及利用能力,从而提高创业生存和成长绩效。由于资源整合过程的动态性,如何实现企业成长阶段与资源整合过程的匹配将有待进一步研究。

(2)创业导向在资源整合能力与创业绩效之间起着中介作用。如前所述,创业导向涉及一系列资源消耗活动,所以新创企业需要大量的资源支持。但是由于新创企业的既"新"又"小"特征,难以从银行等外部机构获取贷款,从而影响人力资本的投入、相关技术资源的购买以及其他物质资源的获取,最终影响企业的资源整合能力。可见,提高资源整合能力,可以促进创业导向战略的实现,促进企业快速成长。反过来,企业成长会极大地促进资源整合能力的提高。因此,对于天生缺乏资源的新创企业而言,提高资源整合能力不失为促进其持续成长的有效举措。

(3)新创企业的创业导向与企业绩效正相关。以往创业导向与绩效关系的研究大多针对的是成熟的大企业,而针对新创企业的实证研究还不多见,本书研究表明,对于新创企业来讲,创业导向会直接促进企业绩效,进一步丰富了创业导向研究和企业资源基础理论,对实践中的创业活动顺利开展也提供了有益的理论指导。

二、创业导向与新创企业绩效关系:网络嵌入视角

基于网络嵌入视角探讨创业导向与新创企业创业绩效的关系,通过实证分析得出了如下结论:

(1)网络嵌入对新创企业绩效产生了积极影响,特别是认知性维度也有利于提升企业绩效,尽管其在主流的研究中并未充分展现,但是作为社会资本的重要构成要素,必定成为企业竞争优势的重要来源。研究表明,环境不确定性以及信息不对称,都可能导致创业者从外部获取关键资

第六章 结论与展望

源的失败。因此,在网络竞争环境下,天生缺乏资源的新创企业需要不断构建有效的合作网络,进而通过结构性嵌入、关系型嵌入、认知性嵌入所构成的相关联的网络体系,实现网络资源和信息的交换和组合,形成并强化共享语言和共同目标,促进协作,从而提高企业的绩效水平和竞争力。

(2) 网络嵌入对创业导向起着正向作用。如前所述,创业导向涉及一系列资源消耗活动,所以新创企业发展需要大量的资源支持。社会关系理论和资源基础理论都强调,网络是创业型企业获取生存和发展所需资源的战略性途径。通过各种不同形式的网络嵌入,可以使企业更容易以较低成本获取所需的创业资源(朱秀梅、费宇鹏,2010),以此不断推动企业创业导向战略的有效实施。因此,资源贫乏的创业者需要花费大量的时间去构建各种社会网络关系,提升各种网络嵌入能力,最终帮助新企业成长。尽管资源确实是通过社会关系网络进行传递的,但新创企业利用成员企业的优势资源,前提是该企业也需要贡献自己的优质资源或者其他资源投入。① 否则一味地注重"获取"并不能促使资源流向企业,而注重于"奉献"才能创造出资源并使资源流向企业。可见,新创企业加强与网络成员中的信任关系,并且不断构建彼此之间共享的语言或意义体系,提高企业对资源和信息交换组合的能力,可以促进创业导向战略的实现。因此,对于新创企业而言,通过结构性嵌入、关系性嵌入以及认知性嵌入不断获取和利用外部资源不失为促进其持续成长的有效举措。

(3) 新创企业的创业导向与创业绩效正相关。尽管目前关于创业导向与绩效关系的研究并未得出一致的结论,但是本书研究结果与大多数研究一样,表明创业导向是企业绩效提升的有效战略。因为具有高创业导向的新创企业能识别出很多的市场机会,也愿意承担风险,更能在有限的资源和能力条件下整合资源实现创新和获取先发优势以促进企业快速发展

---

① 袁红林,郑宁,郑建武. 小企业成长:基于组织变革的视角 [J]. 企业经济,2005,300 (8):78-81.

(Baker and Sinkula, 2009)。

（4）创业导向在网络嵌入与创业绩效之间起着一定的中介作用。尽管创业导向中介了结构性嵌入和关系性嵌入对创业绩效的促进作用，但却没有中介认知性嵌入对创业绩效的促进作用。认知性嵌入是网络嵌入的最高层次，它是在企业长期的交往中所形成的共享语言和符号、共同的价值观和愿景以及默会知识等一系列资源。因此，这种嵌入有助于促进网络组织间的有效沟通，便于网络成员对行动的结果产生共同的预期。但前提是需要所有成员高度一致的认识和行为，这与实际不太吻合，所以认知性嵌入很难形成。即使企业间能够形成一致的语言和规范，也会导致网络企业对经济预测、判断以及认知的高度趋同性，即认知性锁定。这可能源于过度的关系性嵌入或结构性嵌入。因为，在长期的交往中，成员企业间的信息传递、信任关系的建立等都是以单个企业对整体网络的顺从为代价。企业网络用规范消除差异，限制网络成员的行动，必然还会导致整个网络"群体性思维"的形成（Grabher，1983），① 从而导致企业无法准确预知环境变化的本质和商业化潜力，显然不利于企业发展新关系、提升资源整合和开拓新市场的能力，必定会阻碍企业创业导向的实施，最终导致企业绩效下降。因此，企业在构建和维持永久的网络关系时，务必把握不同网络嵌入的适度，以此避免过度嵌入所导致的锁定效应。

三、创业导向与新创企业绩效关系：组织创业氛围视角

基于组织创业氛围视角探讨创业导向与新创企业创业绩效的关系，通过实证分析得出了如下结论：

（1）组织创业气氛一定程度上促进了创业绩效的提升。本书研究表

---

① Grabher G. The weakness of strong ties: The lock-in of regional development in the Ruhr Area [A] //In the embedded firm: On social-economics of industrial networks [M]. London: Routledge, 1983.

第六章 结论与展望

明,虽然组织创业气氛整体上有利于改进创业绩效,但构成创业气氛的各维度对绩效的作用程度存在明显的差异:相比目标认同维度和工作自主维度,诚信互动维度、外在导向维度以及创新支持维度对绩效产生的影响比较大。这可能源于:一方面,本书调查的企业当中,处于生物医药、软件开发以及机械制造行业的企业较多,这些企业的员工对组织创业气氛中的诚信互动、外在导向以及创新支持的感知水平更高,这与孙锐等(2008)的结论不谋而合;另一方面,本书调查的企业中,绝大多数处于初创期和成长期,而处于这些发展阶段的企业员工同样表现出对诚信互动、外在导向以及创新支持更高的感知水平,这与李晶(2008)的结论如出一辙。因此,研究中国创业企业的组织气氛,有利于我们了解目前不同组织创业气氛的差异现状,也有利于我们深入探讨创业企业成长性差异背后的深层次原因。

(2)创业导向在组织创业气氛与创业绩效之间起着中介效应。如前所述,组织创业气氛强调组织成员关于工作环境中创新支持、诚信互动、目标认同与外在导向等方面的知觉与描述(孙锐等,2008),从而影响创业成员对环境主观知觉所产生的一系列决策行为,这些决策行为涉及新创企业的创新性、超前行动和风险承担等活动。以往研究也表明,组织成员对组织鼓励成员进行创新性思考和承担风险、为成员创新行为提供的支持、给予成员适当的工作内容和方式的自主权、营造诚信的环境鼓励员工以创造性的方式处理非确定性问题,以及成员对组织创业资源禀赋的感知,将对企业的创业行为及其结果产生重要的影响(张玉利、李乾文,2006)。也就是说,对组织创业气氛的感知会影响创业导向战略的实施,进而影响创业绩效的改进。

(3)新创企业的创业导向促进较高创业绩效的产生。本书研究结果表明,创新性、风险承担性与行动超前性都导致了高的创业生存与成长绩效,在一定程度上验证了过去大多数关于创业导向与创业绩效正相关的结论。换句话说，在中国特有的背景下，创业导向是新创企业应该采取的一种有效战略导向。可见，本书通过理论与实证挖掘从创业导向到创业绩效的转化路径，进一步拓宽了创业研究的视角，也整合了有价值的相关研究。

四、创业导向与衍生企业绩效关系：学术型创业者动机视角

基于学术型创业者动机视角探讨创业导向与大学衍生企业创业绩效的关系，通过实证分析得出了如下结论：

（1）学术型创业者动机对大学衍生企业绩效产生了积极影响。本书研究表明，创业动机的不同维度都与创业绩效具有正向关系，但其影响程度具有明显差异：在个人因素方面、科学知识方面以及社会环境方面影响较大，其他三个因素相对较少。原因可能在于，学术型创业者一般具有理工背景，其专业水平较高，而且喜欢独立地安排工作时间，为了实现更高的成就感和社会地位，他们将其所拥有的知识（专利）商业化的欲望特别强烈，因此，更有动力去从事创业活动。然而，他们普遍缺乏从事商业活动的经验和技能，缺乏相应的经济管理知识，尽管他们理解技术及其潜在的应用能力，却对技术成果的市场价值评估往往有失偏颇，很难整合自身资源把握市场机会，实现创业成功。学术型创业者如能获取并运用创业管理支持，将有助于提高大学衍生企业绩效（陈劲、朱学彦，2006）。因此，未来需要进一步思考如何构建支持学术型创业者创业的政策体系，使其在创业成功率更低的竞争环境下实现企业的可持续发展。

（2）创业导向在学术型创业者动机与衍生企业绩效之间起着中介作用。如前所述，学术型创业者不仅缺乏商业管理经验，而且还难以获取创业资金。研究表明，缺少来自学校的融资支持被视作是影响衍生的最重要的制约因素（乔俊杰、闫科，2008）。实际上，从目前来看，大学对技术

第六章 结论与展望

转移的商业化和衍生企业的创业鼓励和支持不够（陈劲、朱学彦，2006），这将影响大学衍生企业创业导向战略的实施。由于学术型创业者获取资源的难度和资源需求的差异性，因此，提高资源获取和整合能力是其采取超前行动和创新活动的基础。另外，在越来越不确定的竞争环境下，学术型创业者需要提升创业机会识别的知识与能力，并通过创业动机实现创业导向的创新性、风险承担性、行动超前性，从而形成独特的竞争优势并获取成功绩效。

（3）衍生企业的创业导向与创业绩效正相关。以往创业导向—绩效关系的研究大多针对的是成熟的大企业，而针对大学衍生企业的实证研究还不多见。本书研究表明，创业导向会直接促进衍生企业绩效的改进，不论是财务绩效还是非财务绩效。可见，本书进一步拓展了创业导向—绩效关系模型，也为实践中的潜在学术型创业者开展创业活动提供了有益的理论依据。

五、创业导向与衍生企业绩效关系：学术型创业者资源支持视角

基于学术型创业者资源支持视角探讨创业导向与大学衍生企业创业绩效的关系，通过实证分析得出了如下结论：

（1）学术型创业者资源支持对大学衍生企业绩效产生了积极影响。因此，对大学衍生企业而言，要关注学术型创业者获取资源的全部过程，特别是结合衍生企业成长的动态性过程（Ndonzuau et al.，2002；Ajay，2004），以此不断满足衍生企业不同阶段的资源需求（乔俊杰、闫科，2008），从而提高其生存和成长绩效。由于创业者获取资源的难度和资源需求的差异性，如何实现企业成长阶段与资源组合的匹配，如何从资源的视角探索不同阶段我国大学衍生企业与大学之间的互动发展机制（周一

杰、王柏轩，2009），[①] 将有待进一步研究。

（2）创业导向在学术型创业者资源支持与衍生企业绩效之间起着中介作用。如前所述，创业导向涉及一系列资源消耗活动，所以新创衍生企业需要大量的资源支持。但是由于学术型创业者学科背景的独特性，以及新创衍生企业既"新"又"小"的特征，难以从银行等外部机构获取贷款，从而影响人力资本的投入、相关技术资源的购买以及其他物质资源的获取，最终影响创业者获取资源支持的能力。可见，提高创业者资源获取的能力，可以促进创业导向战略的实现，促进衍生企业快速成长。反过来，衍生企业成长会极大地促进所在大学的发展，从而为创业者获取多样化的资源创造良好的条件（乔俊杰、闫科，2008）。因此，对于缺乏资源的新创衍生企业而言，提高学术型创业者资源获取能力不失为促进其持续成长的有效举措。

（3）衍生企业的创业导向与企业绩效正相关。以往创业导向与绩效关系的研究大多针对的是成熟的大企业，而针对大学衍生企业的实证研究还不多见，本书研究表明，对于衍生企业来讲，创业导向会直接促进企业绩效，进一步丰富了创业导向研究和企业资源基础理论，对实践中的创业活动顺利开展也提供了有益的理论指导。

六、创业导向与风险企业绩效关系：信任利用方式视角

基于信任利用方式视角探讨创业导向与风险企业创业绩效的关系，通过实证分析得出了如下结论：

（1）信任利用方式对风险企业绩效产生了积极影响。但探索式信任利用方式在我国风险企业中还处于较低层次，可能的原因是创业者和创业

---

① 周一杰，王柏轩. 大学衍生企业与母体的互动发展模型探析 [J]. 技术经济，2009，28（5）：8-11.

投资家并没有真正了解关系网络中成员长期的互动关系以及信任网络在企业成长过程中的演化规律，从而很难全面了解信任网络的性质和功能，也就无法利用信任去构建新的网络，更多地停留在对现有网络的不充分利用上。因此，对风险企业而言，要关注创业者与创业投资家的信任利用方式，特别要关注信任的探索式利用所带来的创业资源，从而提高创业生存和成长绩效。由于创业者与创业投资家的信任关系的动态性特征，如何实现企业成长阶段与不同信任利用方式的匹配将有待进一步研究。

（2）创业导向在信任利用方式与创业绩效之间起着中介作用。如前所述，创业导向涉及一系列资源消耗活动，所以风险企业发展需要大量的资源支持。尽管通过信任关系网络，小企业可以利用成员企业的优势资源，但前提是该企业也需要贡献自己的优质资源或者其他资源投入。也就是说，资源确实是通过社会关系网络进行传递的，但一味地注重"获取"并不能促使资源流向企业，而注重于"奉献"才能创造出资源并使资源流向企业。① 可见，风险企业加强创业者和创业投资家的信任关系，不断提高利用（不论是开发式还是探索式）信任网络获取资源的能力，可以促进创业导向战略的实现，促进企业快速成长；反过来，企业成长会极大地促进资源的"奉献"，从而提高信任资源的利用能力。因此，对于缺乏资源的风险企业而言，信任利用方式的充分发挥和挖掘不失为促进其持续成长的有效举措。

（3）风险企业的创业导向与企业绩效正相关。以往创业导向与绩效关系的研究大多针对的是成熟的大企业，而针对风险企业的实证研究还不多见，本书研究表明，对于风险企业来讲，创业导向会直接促进企业绩效，进一步丰富了创业导向研究和企业资源基础理论，对实践中的创业活动顺利开展也提供了有益的理论指导。

---

① Inglehart R., Baker W. E. Modernization, cultural change, and the persistence of traditional values [J]. American Sociological Review, 2000, 65 (1): 19-51.

第二节 理论贡献与实践启示

基于以上研究结论的分析,本书还将可能为相关理论的发展和实践的开展提供有价值的启示。

一、理论贡献

本书的理论贡献主要表现在以下几点:

第一,验证了我国背景下资源整合能力、组织创业氛围对创业绩效的积极影响,进一步丰富了企业资源基础理论和企业成长理论。

企业资源基础理论假设,企业有价值的、稀缺的、难以模仿的并不可替代的资源是企业持续竞争优势的源泉(Barney,1991)。围绕这一命题,众多学者从不同的角度和层次验证了这一假设的有效性,但对于特定的企业来说,其关键资源却是相异的。尽管先前的研究存在着资源整合能力有助于提升创业绩效的经验判断,但几乎还未从经验研究的角度来证明在创业领域中资源整合能力在新创企业中产生的作用,可能是因为获取数据困难或者量表设计的原因。然而本书尝试接受这一挑战,并在实证分析中发现,资源整合能力各维度确实对创业绩效起着很大的促进作用。研究也表明,企业可持续成长过程实际上就是在企业成长的不同阶段获取并整合所需创业资源的动态过程,同时,企业可持续成长有赖于组织在不同阶段塑造鼓励和支持创业创新的良好气氛。本书从创业认知观出发,尝试将组织气氛与创业进行耦合研究,进而从组织创业氛围的创新支持、目标认同、工作自主、诚信互动、外在导向等不同维度实证考察了其对创业绩效的正

第六章 结论与展望

向促进作用,进一步丰富了企业成长理论。

第二,探讨了信任利用方式和网络嵌入,推动了企业网络理论的研究进展。

从20世纪80年代开始,企业网络逐渐成为现代经济活动的重要模式,譬如,分包网络、虚拟企业、战略联盟、企业集群等。网络的出现打破了经济学基于替代关系的"企业—市场"两分法,确立了"企业—网络—市场"的三分体系。作为一种新的制度安排形式,网络在获取外部资源等方面具有独特优势,并在企业初生和成长过程中扮演极为重要的角色(Birley et al., 1991; Fletcher and Barrett, 2001)。然而,长期以来,关于企业网络的研究主要集中在两个学派:一是企业网络学派;二是企业成长学派。前者主要是静态地关注网络的功能、性质、治理机制以及网络对于企业的战略意义,而对于网络的生产与利用方式关注太少;后者主要关注网络的结构特征和功能对企业成长方面的意义(Gulati et al., 2000),也就是说,什么样的网络可以促进以及如何促进企业成长,而对于企业网络的演化过程关注很少。因此,本书结合社会网络理论,提出了信任的两种利用方式,并通过实证研究发现,我国风险企业还处于开发式信任利用阶段,探索式信任利用还处于较低层次,因此,关注信任的生产和利用有待进一步研究。同时,本书分析了不同类型的网络嵌入,特别是检验了在现有研究中被忽略的认知性嵌入对于新创企业绩效的实证影响,进一步丰富了社会网络理论及其在创业管理领域的应用。

第三,从理论和经验研究两方面分析了学术型创业者动机与资源支持及其对大学衍生企业创业绩效的影响,不仅拓展了期望理论在创业领域的应用,而且丰富了企业资源基础理论。

从现有的文献来看,国内外学者只是从理论上强调了学术型创业者由于其所处的大学环境差异,譬如,大学声誉、大学鼓励政策等,从而导致其获取创业所需的资源支持也不尽相同,直接结果是这些企业的创新和可持续发展遇到了不同程度的挑战，很少基于资源视角进行实证分析大学衍生企业的作用机理。依据企业成长理论，在分析和把握大学企业成长资源需求的动态变化基础上，本书主要从创业管理支持、政策支持、大学资金支持、基础设施支持、信用支持以及社会资本支持方面构建了学术型创业者资源支持的测量量表，并实证分析了学术型创业者资源支持的不同维度对创业绩效的影响，进而表明学术型创业者获得大量的资源支持能够顺利实施技术转移、推动创业和创新的一系列组织活动，从而大幅度促进衍生企业的快速成长，从理论上也丰富了企业资源观；同时，创业动机是创业者创业的基本推动力，但从创业动机角度探讨大学衍生企业绩效的相关文献甚少，本书实证考察了创业者动机的结构维度并实证检验了不同维度对创业绩效的影响，不仅有助于深入理解学术型创业者的行为模式，而且进一步丰富了创业动机理论和期望理论。

第四，探索了引入创业导向的中介效应，能更好地发现和揭示新创企业创业绩效的作用机理，也是对创业导向理论的进一步补充。

自20世纪80年代以来，关于创业导向与创业绩效的关系研究方兴未艾，主要立足于企业资源与能力、组织战略、组织文化和组织结构等权变因素，考察创业导向和企业绩效关系，发现这些因素与创业导向进行有效匹配，才能获得最佳企业绩效（Walter et al.，2006）。近期关于创业导向的一些研究也在试图寻找创业导向有效转化为组织绩效的中间路径。创业行为不仅根植于企业的社会文化环境，还根植于企业网络中。总体上，创业导向与创业绩效之间正相关这一观点得到了众多实证研究的支持，高创业导向已经被学者们广泛地看作是企业成功的关键要素。与此同时，在新创企业创业导向与创业绩效的关系之间起到缓冲与中介作用的相关变量（譬如，社会资本、环境动态性）也得到了学者们广泛的识别与确认。但是，将创业导向作为中介变量开展的相关研究很少，而本书正是对这一问题的有益尝试。本书以创业导向作为中介变量，通过实证分析发现，不同视角下不同类型企业的创业导向确实发挥了中介作用,有助于进一步理解新创企业创业绩效的作用机理,系统构建和完善创业导向的影响因素模型及创业导向与创业绩效关系的经典模型。

二、实践启示

在实践中,天生缺乏资源的新创企业(包括大学衍生企业和风险企业)面临如何获取和整合创业所需的关键资源为创业服务,从而推动新创企业的可持续成长的问题。对于这一问题,本书从资源整合能力、网络嵌入、组织创业氛围、学术型创业者动机、学术型创业者资源支持、信任利用方式等视角出发探讨创业绩效对创业导向的作用机理,在一定程度上能为此提供相关启示和建议。具体如下:

第一,从创业的本质来看,创业就是获取和整合各种资源发现创业机会从而创造价值的过程。首先,对于现实中的新创企业而言,资源稀缺成为其可持续成长和发展的重要瓶颈。因此,创业者需要不断提升其资源整合能力、社会网络构建能力,尽可能满足新创企业创业所需资源的多样性需求,实现成长与资源的动态匹配。其次,实践表明,获得创业投资支持的风险企业具有内在的高成长性,作为资源供给方的创业投资家与作为资源需求方的创业者彼此之间的信任有利于实现各自的目标。因此,创业者要重视自身能力、品质与素养的培养,特别是要讲诚信,良好的声誉往往更能增强创业投资家的信任倾向,从而提高合作的成功率。在此基础上,基于创业投资家的信任有效构建风险企业的创业网络,并通过开发式和探索式信任利用方式获取更多的创业资源,推动企业的快速成长。再次,不同类型的新创企业创业者都要构建一支具有协作精神和超强能力的创业团队,并努力在企业内部营造良好和谐的民主氛围,以激励员工的士气和奉献精神,不断提升员工的团队合作与创新能力。实际上,创业投资家不仅会因为对创业者有更多的认识和了解而增强对其的信任，而且还会因为对创业团队、企业员工士气等组织创业氛围的认知增加对创业者的信任，从而给企业带来更多的关键资源。最后，作为科学研究成果转化为市场产品的一种"有前途"的方式，大学衍生企业的可持续成长性，对于提高大学技术转移效率具有重要的实践意义。基于此，学术型创业者应该合理处理教学、科研工作以及社会化服务三者之间的关系，在保持较强的专业技术能力的同时，还需多方面积累从事商业活动的经验和技能、相应的经济管理知识，努力提升资源获取能力和创业动机与意愿，积极寻找机会、开发机会，促进衍生企业创业成功，最终推动科研成果的商业化和创业型大学目标的实现。

第二，尽管本书结论并没有揭示何种水平的创业导向更能促进创业绩效的提高，但是本书研究发现，在一定程度上，创业导向对资源整合能力、网络嵌入、组织创业氛围、学术型创业者动机、学术型创业者资源支持、信任利用方式与创业绩效关系中起着强烈的中介作用，过高或过低的创业导向都有可能阻碍企业的可持续发展。因此，任何一家新创企业都需要开发合适的创业导向，来推动企业的健康发展。正因如此，在现有知识专有和市场失效的背景下，创业者不仅要努力提升资源整合能力、网络嵌入性水平，营造良好的组织创业氛围，激发创业动机与意愿，而且可以积极利用现有的社会网络获取多样性知识与技术，还要充分利用创业者与创业投资家的信任关系，尽可能建立新的关系网络来获取相应的信息和关键资源，这些都有助于开发出适合新创企业成长的创业导向。

第三，从经济发展的现实情况来看，我国有待于建立一大批可持续发展的新创企业，特别是高新技术企业。在我国制度加速转型的条件下，政府在促进新创企业特别是高新技术企业发展中发挥着不可替代的作用。在调研过程中我们也发现，科技型新创企业的创业者需要花费大量的时间和成本凭借自身构建的社会关系网络获取创业创新所需的各种资源支持，但仍然是杯水车薪，很难克服企业成长劣势和应对不确定性环境。因此，从政府的角色定位来看，政府作为顶层制度的设计者，不仅应当制定相关政策支持新创企业的可持续发展，尽可能避免因制度缺陷或制度缺失给企业带来严重的创新效率损失，还应当为不同类型的新创企业搭建合作创新网络平台，适时引导其与其他企业、科研机构、高等学校、金融机构等建立战略合作伙伴关系，便于整合伙伴企业所拥有的外部网络资源，从而推动创业导向的成功实施，最终促进其可持续成长。此外，在我国目前低诚信或者诚信缺失的背景下，政府有责任逐步建立起诚信文化，推动法制性社会信任的建立，制定有效规章制度，严厉打击假冒伪劣、坑蒙拐骗和贪赃枉法等不法行为，并对失信行为进行有效的惩罚和管制，努力营造一种充满信任的商业环境和社会生活环境，以及宽容失败的创业文化，这样可以鼓励更多的人加入创业行列中来。

第三节 研究不足与后续研究建议

一、研究不足

从整体来看，本书还存在如下几方面的局限性：

首先，尽管本书调查的样本对象来自许多不同的城市和地区，但由于时间和经费上的困难，收集到的样本数据主要来自中部地区的湖南和湖北，因此，样本具有明显的地区局限性。同时，尽管样本数量基本达到了变量分析的统计要求，但总样本数不是很高，这些因素都有可能影响到本调查的外部效度。另外，本书采取回顾式的调查设计方法，主要以不同类型的新创企业为研究对象,所以难以避免此种调查可能出现的幸存者误差,因此,考虑到本书在调查取样方面的这些限制性,在研究结论的普适性方面还需要持谨慎态度。

其次,大量研究表明,创业导向与绩效的关系本身就很复杂,其中影响两者关系的因素除了创业环境,还存在大量其他的因素,譬如,组织战略、组织文化和组织结构等权变因素,而本书仅仅控制了创业环境、企业规模等方面,对其他影响因素尚未进行严格控制,这在一定程度上也会影响本书的研究结果。

最后,数据分析结果表明,由于网络嵌入、信任利用方式等变量的测量模型都不够理想,可能会对模型分析产生一定的影响,最终导致本书研究结果受到一定限制。其中原因可能是由于量表本身不成熟而导致某些问题,也可能是对问卷填写处理不当而造成的人为误差,还可能是在数据处理方面缺乏相应的技巧,对数据分析可能还不能做到完全精确,这些问题都有待于今后学习中不断提升能力和掌握相应的定性、定量研究方法去修正和检验。

二、后续研究建议

中国新创企业特别是高新技术企业的可持续成长研究始终是一项富有挑战性的工作。本书只是对这一问题的某一方面进行了一次有益的尝试,要想真正了解新创企业的成长机理及其背后的规律,还有待于以后不断探索给予解决。进一步研究创业导向与创业绩效关系问题,本书认为可以从以下几个方面展开:

1. 不断修正与完善相关变量的测量量表

量表设计的好坏会直接影响到分析结果。从本书的实证分析中可以发现，网络嵌入特别是认知性嵌入以及信任利用方式在进行因子分析时，测量模型都不够理想。因此，可以进一步阅读相关文献和借鉴成熟的量表，对现有的测量条目进行修正和完善，以此提高量表的有效性。

2. 增加样本数量及提高代表性水平

本书中收集的样本数量主要局限于湖南和湖北部分地区，而且总样本数还不够大，因此可以继续扩大到全国地域范围，增加样本数量，进一步检验引入创业导向的中介效应后，资源整合能力、网络嵌入、组织创业氛围、信任利用方式等与创业绩效之间的实证关系，从而增强研究结论的普适性。

3. 考虑增加创业导向其他维度，进一步探索创业导向的中介效应

从现有的研究文献来看，创业导向维度有三维度、四维度、五维度和六维度。尽管目前国内外学者主要是基于 Miller（1983）的三维度展开研究，但是增加其他维度，或许也能充分识别创业导向，最终可能会进一步解释创业者与创业投资家的信任与创业绩效的关系。

4. 进一步充实研究方法，融合扎根理论与案例研究等定性方法

从国内外文献来看，关于新创企业成长取得了大量的实证研究成果，但迄今为止仍未形成一个系统又全面的理论体系，难以有效地解释某些实践现象，而重视资料分析和理论建构的扎根理论研究方法不失为一种有效的选择。它是一个不断比较、思考、分析、转化资料形成概念以构建理论的过程，通过与案例研究方法的紧密结合，将有助于获取关于新创企业成长一系列问题的相关资料和数据，并保证所获取数据资料的真实性、有效性和丰富性，从而构建促进新创企业可持续成长的新知识或新理论。

参考文献

[1][美]阿玛尔·毕海德.新企业的起源与演进[M].魏如山,马志英译.北京:中国人民大学出版社,2004.

[2]毕晓方,李海英,宋雪如.高管过度自信对企业创新的影响:财务冗余的中介作用与调节作用[J].科技进步与对策,2016,33(7):108-114.

[3]蔡莉,肖坚石,赵镝.基于资源开发过程的新创企业创业导向对资源利用的关系研究[J].科学学与科学技术管理,2008(1):98-102.

[4]陈加州,凌文辁,方俐洛.企业员工心理契约的结构维度[J].心理学报,2003,35(3):404-410.

[5]陈劲,朱学彦.学术型创业家与企业绩效关系研究[J].中国软科学,2006(4):124-129.

[6]高山行,范陈泽,江旭.专利竞赛中的技术信息溢出模型研究[J].管理工程学报,2006,20(2):70-73.

[7]郭毅,罗家德.社会资本与管理学[M].上海:华东理工大学出版社,2007:39-50.

[8]黄宾栋.人格特质、创业动机与创业绩效之关系研究[D].中国台湾:国立成功大学,2006.

[9]贾明琪,朱亚宁,辛江龙.管理者过度自信、管理者偏好与企业

技术创新——基于国有企业上市公司数据［J］. 科技管理研究, 2015, 35 (7): 12-17.

［10］姜军, 蒋士杰, 陈德棉. 不同视角下的创业者素质研究: 文献综述［J］. 现代管理科学, 2005 (6): 17-19.

［11］孔东民, 李天赏, 代昀昊. CEO过度自信与企业创新［J］. 中大管理研究, 2015, 10 (1): 80-101.

［12］雷家骕, 冯婉玲. 高新技术创业管理［M］. 北京: 机械工业出版社, 2001.

［13］李建华, 沈海燕. 全球化背景的组织气氛研究综述［J］. 重庆社会科学, 2006 (12): 55-59.

［14］李晶. 组织创业氛围及其对创业绩效影响机制研究［D］. 杭州: 浙江大学, 2008.

［15］李久鑫, 郑绍濂. 管理的社会网络嵌入型视角［J］. 外国经济与管理, 2002, 24 (6): 2-6.

［16］李其玮, 李丹. 企业创业导向与组织学习的关系: 中国176家企业的实证研究［J］. 工业技术经济, 2007, 26 (4): 56-59.

［17］李新春, 刘莉. 嵌入性—市场性关系网络与家族企业创业成长［J］. 中山大学学报（社会科学版）, 2009, 49 (3): 190-202.

［18］李雪灵, 姚一玮, 王利军. 新企业创业导向与创新绩效关系研究: 积极型市场导向的中介作用［J］. 中国工业经济, 2010 (6): 116-125.

［19］李昱. 大学衍生企业成长中的核心要素浅析——基于创业研究的视角［J］. 科技管理研究, 2005 (10): 106-108.

［20］林强, 姜彦福, 张健. 创业理论及其架构分析［J］. 经济研究, 2001 (9): 85-96.

［21］刘磊磊, 周亚庆, 陈学光. 公司创业导向前提及对组织绩效影响机制［J］. 技术经济, 2007, 26 (5): 42-45.

[22] 刘良灿，宁鑫. CEO过度自信影响企业创业导向吗？——基于中国创业板上市公司的实证研究 [J]. 山东财经大学学报，2018，30 (6)：41-54.

[23] 刘雪峰. 网络嵌入性与差异化战略及企业绩效关系研究 [D]. 杭州：浙江大学，2007.

[24] 马鸿佳. 创业环境、资源整合能力与过程对新创企业绩效的影响研究 [D]. 长春：吉林大学，2008.

[25] 庞涛. 中小高科技企业创业团队气氛及其影响因素研究 [D]. 杭州：浙江大学，2003.

[26] 钱锡红，徐万里，杨永福. 企业网络位置、间接联系与创新绩效 [J]. 中国工业经济，2010 (2)：78-88.

[27] 乔俊杰，闫科. 大学衍生企业的资源需求与实现：基于衍生阶段模型的分析 [J]. 中南民族大学学报（人文社会科学版），2008，28 (4)：129-132.

[28] [日] 青木昌彦. 比较制度分析 [M]. 周黎安译. 上海：上海远东出版社，2001：365-366.

[29] 邱浩政. 结构方程模式——LISREL的理论、应用与技术 [M]. 中国台北：双叶书廊图书公司，2004.

[30] 屈佳英. 资源可获得性认知与企业成长绩效关系研究——创业导向的中介作用 [J]. 技术经济，2016，18 (4)：25-34.

[31] 沈超红. 创业绩效结构与绩效形成机制研究 [D]. 杭州：浙江大学，2006.

[32] 史敏，耿修林. 管理者过度自信与企业技术多元化 [J]. 山西财经大学学报，2017，39 (11)：97-110.

[33] 苏晓华. 高科技企业的合约安排及其特性——基于企业家理论的研究 [M]. 北京：经济科学出版社，2005：81-83.

[34] 孙锐，王乃静，石金涛. 中国背景下不同类型企业组织创新气氛差异实证研究 [J]. 南开管理评论，2008（2）：42-49.

[35] 孙锐. 中国企业组织创新气氛结构实证研究 [J]. 科研管理，2009，30（1）：38-43.

[36] 谭新生. 组织能力观与传统资源观的比较分析——对持续竞争优势的新阐释 [J]. 外国经济与管理，2003，25（8）：22-29.

[37] 王建中. 创业环境及资源整合能力对新创企业绩效影响关系研究 [D]. 昆明：昆明理工大学，2011.

[38] 王庆喜. 企业资源与竞争优势：基于浙江民营制造业企业的经验与理论研究 [D]. 杭州：浙江大学，2004.

[39] 王小平，高亮华. 大学技术转移的衍生企业模式研究 [J]. 清华大学学报（哲学社会科学版），2003（1）：35-37.

[40] 王燕飞，朱瑜. 国外组织创新气氛的研究概述 [J]. 外国经济与管理，2005（8）：26-32.

[41] 王晔. 文化价值观、创业认知与创业决策的关系研究 [D]. 长春：吉林大学，2012.

[42] 王重鸣，夏霖，阳浙江. 基于战略视角的创业导向研究 [J]. 技术经济，2006，25（8）：1-7.

[43] 魏江，焦豪. 创业导向、组织学习与动态能力关系研究 [J]. 外国经济与管理，2008（2）：36-41.

[44] 文先明. 风险投资中信息不对称及风险分析研究 [M]. 长沙：湖南人民出版社，2005：20-21.

[45] 邬爱其，贾生华. 企业成长机制理论研究综述 [J]. 科研管理，2007，28（2）：53-58.

[46] 巫景飞，何大军，林日韦，王云. 高层管理者政治网络与企业多元化战略：社会资本视角——基于我国上市公司面板数据的实证分析 [J]. 管

理世界，2018（8）：107-118.

[47] 吴冰，王重鸣，唐玉宁．高科技产业创业网络、绩效与环境研究：国家级软件园的分析［J］．南开管理评论，2009，12（3）：84-93.

[48] 吴明隆．SPSS统计应用实务——问卷分析与应用统计［M］．北京：科学出版社，2003：23.

[49] 吴晓波，刘雪峰，胡松翠．全球制造网络中本地企业知识获取实证研究［J］．科学学研究，2007，25（3）：486-492.

[50] 夏清华，易朝辉．风险资本支持下的中小企业成长［J］．财贸研究，2007（1）：216-223.

[51] 徐淑英，张维迎．美国管理学会学报最佳论文集萃（第二辑）[M]．北京：北京大学出版社，2012.

[52] 薛红志．创业导向、战略模式与组织绩效关系研究［J］．经济理论与经济管理，2006（3）：71-75.

[53] 薛红志．试论竞争战略对创业导向—绩效关系的影响［J］．外国经济与管理，2005，27（12）：28-36.

[54] 杨德林，汪青云，孟祥清．中国研究型大学衍生企业活动影响因素分析［J］．科学学研究，2007，25（3）：511-517.

[55] 杨德林．中国科技型创业家行为与成长［M］．北京：清华大学出版社，2005：5-19.

[56] 姚先国，温伟祥，任洲麒．创业导向与企业绩效的关系：国外研究进展［J］．技术经济，2008，27（4）：35-39.

[57] 叶瑛，姜彦福．创业投资家与创业企业家的信任对双方绩效的作用研究［J］．科学学与科学技术管理，2006（1）：107-111.

[58] 易朝辉，孙宁．学术型创业者动机、创业导向与大学衍生企业绩效研究［J］．研究与发展管理，2012，24（1）：93-102.

[59] 易朝辉，夏清华．创业导向与大学衍生企业绩效关系研究：基

于学术型创业者资源支持的视角[J].科学学研究,2011,29(5):735-744.

[60] 易朝辉,周发明.信任利用方式、创业导向与风险企业绩效研究[J].研究与发展管理,2011,23(2):33-40.

[61] 易朝辉.网络嵌入、创业导向与新创企业绩效研究[J].科研管理,2012,33(11):105-115.

[62] 易朝辉.资源整合能力、创业导向与创业绩效的关系研究[J].科学学研究,2010,28(5):757-762.

[63] 易朝辉.组织创业气氛、创业导向与创业企业绩效研究[J].管理学报,2012,9(10):1484-1489.

[64] 易靖韬,张修平,王化成.企业异质性、高管过度自信与企业创新绩效[J].南开管理评论,2015,18(6):101-112.

[65] 于单单.创业者特质与创业绩效关系研究——基于创业导向的调节作用[D].南京:南京财经大学,2014.

[66] 袁红林,郑宁,郑建武.小企业成长:基于组织变革的视角[J].企业经济,2005,300(8):78-81.

[67] 张方华.网络嵌入影响企业创新绩效的概念模型与实证分析[J].中国工业经济,2010(4):110-119.

[68] 张岚,张帏,姜彦福.创业投资家与创业企业家关系研究综述[J].外国经济与管理,2003,25(11):2-6.

[69] 张石花.基于认知理论的创业机会评估研究[D].成都:西南交通大学,2011.

[70] 张书军,苏晓华.衍生创业企业的战略选择与绩效[J].研究与发展管理,2008(2):18-25.

[71] 张雪.CEO特征、公司创业导向与创新绩效——CEO防御的调节作用[D].兰州:兰州大学,2018.

[72] 张玉利,李乾文. 公司创业导向与组织绩效:基于探索能力与开发能力的中介效应研究 [J]. 创业管理研究,2006 (12):133-153.

[73] 张玉利,李乾文. 双元型组织研究评介 [J]. 外国经济与管理,2006,28 (1):1-8.

[74] 张玉利,薛红志,杨俊. 论创业研究的学科发展及其对管理理论的挑战 [J]. 外国经济与管理,2007,29 (1):1-10.

[75] 张玉利. 创业研究经典文献述评 [M]. 北京:机械工业出版社,2018:61-70.

[76] 赵英,李小宁. Spin-off 技术转移机制研究 [J]. 北京航空航天大学学报(社会科学版),2004,17 (3):32-36.

[77] 周一杰,王柏轩. 大学衍生企业与母体的互动发展模型探析 [J]. 技术经济,2009,28 (5):8-11.

[78] 朱磊,韩雪,王春燕. 股权结构、管理者过度自信与企业创新绩效——来自中国 A 股高科技企业的经验证据 [J]. 软科学,2016,30 (12):100-103,108.

[79] 朱秀梅,蔡莉. 新创企业与成熟企业资源管理过程比较研究 [J]. 技术经济,2008 (4):22-28.

[80] 朱秀梅,陈琛,纪玉山. 基于创业导向、网络化能力和知识资源视角的新创企业竞争优势问题探讨 [J]. 外国经济与管理,2010,32 (5):9-16.

[81] 朱秀梅,费宇鹏. 关系特征、资源获取与初创企业绩效实证研究 [J]. 南开管理评论,2010,13 (3):125-135.

[82] 朱秀梅. 知识溢出吸收能力对高技术产业集群创新的影响研究 [D]. 长春:吉林大学,2006.

[83] Aanderson N. R., West M. A. Measuring climate for work group innovation: Development and validation of the team climate inventory [J]. Jour-

nal of Organizational Behavior, 1998, 19 (3): 235-258.

[84] Adler P. S., Kwon S. W. Social capital: Prospects for a new concept [J]. The Academy of Management Review, 2002, 27 (1): 17-40.

[85] Ahlstrom D., Bruton G. An institutional perspective on the role of culture in shaping strategic actions by technology focused [J]. Entrepreneurship Theory and Practice, 2002, 6 (22): 53-69.

[86] Ahuja G. Collaboration networks, structural holes, and innovation: A longitudinal study [J]. Administrative Science Quarterly, 2000, 45 (3): 425-457.

[87] Ajay V., Wright M., Lockett A. Critical junctures in the development of universityhigh-tech spinout companies [J]. Research Policy, 2004, 33 (1): 147-175.

[88] Amabile T. M., Contir C. H., Lazenby J., Herron M. Assessing the work environment for creativity [J]. Academy of Management Journal, 1996, 39 (5): 1154-1184.

[89] Amabile T. M. Creativity in context [M]. Boulder, CO: Westview Press, 1996.

[90] Amit R., Schoemaker P. Strategic assets and organizational rent [J]. Strategic Management Journal, 1993 (14): 33-46.

[91] Anand B. N., Khanna T. Do firms learn to create value? The case of alliances [J]. Strategic Management Journal, 2000, 21 (3): 295-315.

[92] Anderson J. C., Gerbing D. W. Structural equation modeling in practice: A review and recommended two-step approach [J]. Psychological Bulletin, 1988, 103 (3): 411-423.

[93] Anderson J. C., Narus J. A. A model of distributor-firm and manufacturer-firm working partnerships [J]. Journal of Marketing, 1990, 54 (1):

42-58.

[94] Andersson U., Forsgren M., Holm U. The strategic impact of external network: Subsidiary performance and competence development in the multinational corporation [J]. Strategic Management Journal, 2002, 23 (11): 979-996.

[95] Andreas E., Christoph N., Christian S. Of course I can: The effect of CEO overconfidence on entrepreneurially oriented firms [J]. Entrepreneurship Theory and Practice, 2014, 39 (5): 1137-1160.

[96] Ardishvili A., Cardozo S., Harmon S., Vadakath S. Towards a theory of new venture growth [P]. Paper presented at the 1998 Babson Entrepreneurship Research Conference, Ghent, Belgium, 1998.

[97] Audretsch D., Kayalar-Erdem D. Determinants of scientist entrepreneurship: An integrative research agenda. In Handbook of Entrepreneurship Research [M]. Berlin: Springer Nature, 2004: 97-118.

[98] Baker W. E., Sinkula J. M. The Complementary Effects of Market Orientation and Entrepreneurial Orientation on Profitability in Small Businesses [J]. Journal of Small Business management, 2009, 47 (4): 443-464.

[99] Bandura A. Self-efficacy: Toward a unifying theory of behavioral change [J]. Psychological Review, 1977, 84 (2): 191-215.

[100] Bandura A. Self-efficacy mechanism in human agency [J]. American Psychologist, 1982, 37 (2): 122-147.

[101] Barber B. All economies are "embedded": The career of a concept, and beyond [J]. Social Research, 1995 (62): 387-413.

[102] Barbosa S., Gerhardt M., Kickul J. The role of cognitive style and risk preference on entrepreneurial self-efficacy and entrepreneurial intentions [J]. Journal of Leadership and Organizational Studies, 2007, 13 (4): 86-104.

[103] Barney J. B. Firm resources and sustained competitive advantage [J]. Journal of Management, 1991, 17 (1): 99-120.

[104] Barney J. B. Looking Inside for Competitive Advantages [J]. Academy of Management Executive, 1995, 9 (9): 49-62.

[105] Baron R. A. The cognitive perspective: A valuable tool for answering entrepreneurship's basic why questions [J]. Journal of Business Venturing, 2004, 19 (2): 221-239.

[106] Baum J. C., Dutton J. E. 1996. Introduction: The embeddedness of strategy [J]. Advances in Strategic Management, 1996 (13): 1-15.

[107] Baum J. R., Locke E. A., Smith K. G. A multidimensional model of venturegrowth [J]. Academy of Management Journal, 2001, 44 (2): 292-303.

[108] Bhardwa A. A. Resource-based perspective on information technology and firm performance: An empirical investigation [J]. MIS Quarterly, 2000, 24 (1): 169-196.

[109] Biggadike R. The Risky Business of Diversification [J]. Harvard Business Review, 1979, 57 (3): 106-111.

[110] Bird B. J. Implementing Entrepreneurial Ideas: The Case of Intention [J]. Academy of Management Review, 1988, 13 (3): 442-453.

[111] Boyd N., Vozikis G. The influence of self-efficacy on the development of entrepreneurial intentionsand actions [J]. Entrepreneurship Theory and Practice, 1994, 18 (4): 63-77.

[112] Brown B., Bulter J. E. Competitors as allies: A study of entrepreneurial networks in the U. S. wine industry [J]. Journal of Small Business Management, 1995, 33 (3): 57-66.

[113] Bruce D., Mohsin M. Tax Policy and Entrepreneurship: New time

series evidence [J]. Small Business Economics, 2006, 26 (5): 409-425.

[114] Brush C. G., Greene P. G. Hart M. From initial idea to unique advantage: The entrepreneurial challenge of constructing a resource base [J]. Academy of Management Executive, 2001, 15 (1): 64-78.

[115] Burt R. S. Structural holes [M]. Cambridge, MA: Havard University Press, 1992.

[116] Busenitz L., Lau C. A cross-cultural cognitive model of new venture creation [J]. Entrepreneurship Theory and Practice, 1996, 20 (4): 25-39.

[117] Busenitz L. W., Barney J. B. Differences between entrepreneurs and managers in large organizations: Biases and heuristics in strategic decision-making [J]. Journal of Business Venturing, 1997, 12 (1): 9-30.

[118] Busenitz L. W., Fiet J. O., Moesel D. D. Reconsidering the venture capitalists "value added" proposition: An inter-organizational learning perspective [J]. Journal of Business Venuring, 2004, 19 (3): 787-807.

[119] Cable D. M., Shane S. A prisoner's dilemma approach to entrepreneur venture capitalist relationships [J]. Academy of Management Review, 1997, 22 (1): 142-176.

[120] Carayannis E. G., Rogers E. M., Kurihara K., Allbritton M. M. High-technology spin-offs from government R&D laboratories and research universities [J]. Technovation, 1998, 18 (1): 1-11.

[121] Chakravarthy B. S. Measuring strategic performance [J]. Strategic Management Journal, 1986, 7 (6): 437-458.

[122] Chandler G. N., Hanks S. H. Founder competence, the environment and venture performance [J]. Entrepreneurship Theory Practice, 1994, 18 (3): 77-89.

[123] Chandler G. N., Hanks S. H. Market attractiveness, resource-

based capabilities, venture strategies, and venture performance [J]. Journal of Business Ventturing, 1994, 9 (4): 331-349.

[124] Chen G. C., Greene P. G., Crick A. Does entrepreneurial self-efficacy distinguish entrepreneursfrom managers [J]. Journal of Business Venturing, 1998, 13 (4): 295-317.

[125] Chow H. S. The relationship between entrepreneurial orientation and firm performance in China [J]. Advanced Management Journal, 2006, 71 (3): 11-20.

[126] Chrisman J. J., Hynes T., Fraser S. Faculty entrepreneurship and economic development: The case of the University of Calgary [J]. Journal of Business Venturing, 1995, 7 (4): 267-281.

[127] Collins C. J., Hanges P. J., Locke E. A. The relationship of achievement motivation to entrepreneurial behavior: A meta analysis. Human Performance [J]. Journal of Business Venturing, 2004, 17 (1): 95-117.

[128] Collins C. J. Cultural diversity and entrepreneurship policy responses to immigrant entrepreneurs in Australia [J]. Entrepreneurship and Regional Development, 2003, 15 (2): 137-150.

[129] Collins O. F., Moore D. G., Unwalla D. B. The enterprising man [M]. Ohio State: Michigan State University Press, 1964.

[130] Cooper A. C., Gimeno-Gascon F. J., Woo C. Y. Initial human capital and financial capital as predictors of new venture performance [J]. Journal of Business Venturing, 1994, 9 (5): 371- 396.

[131] Cooper R. G., Kleinschmidt E. J. Benchmarking the firm's critical success factors in new product development [J]. Journal of Product Innovation Management, 1995, 12 (5): 374-391.

[132] Covin J. G., Green K. M., Slevin D. P. Strategic process effects

on the entrepreneurial orientation-sales, growth rate relationship [J]. Entrepreneurship Theory and Practice, 2006, 30 (1): 57-81.

[133] Covin J. G., Miles M. Corporate entrepreneurship and the pursuit of competitive advantage [J]. Entrepreneurship Theory and Practice, 1999, 23 (3): 47-63.

[134] Covin J. G., Slevin D. P. A conceptual model of entrepreneurship as firm behavior [J]. Entrepreneurship Theory and Practice, 1991, 16 (1): 7-25.

[135] Covin J. G., Slevin D. P. New venture strategic posture, structure, and performance: An industry lifecycle analysis [J]. Journal of Business venturing, 1990, 5 (2): 123-135.

[136] Covin J. G., Slevin D. P. Strategic management of small firms in hostile and benign environments [J]. Strategic Management Journal, 1989, 10 (1): 75-87.

[137] Covin J. G., Slevin D. P. The development and testing of an organizational-level entrepreneurship scale [A] //R. Ronstadt, J. A. Hornaday, R. Peterson & K. H. Vesper (Eds.), Frontiers of entrepreneurship research [M]. Wellesley, MA: Babson College, 1986,

[138] Cragg P. B., King M. Organizational characteristics and small firms' performance revisited [J]. Entrepreneurship Theory and Practice, 1988, 13 (2): 49-64.

[139] Dacin T. M., Ventresca M. J. Beal B. D. The embeddedness of organizations: Dialogue and direction [J]. Journal of Management, 1999, 25 (3): 317-356.

[140] Debackere K., Veugelers R. The role of academic technology transfer organizations in improving industry-science links [J]. Research Policy,

2005, 34 (3): 321-342.

[141] Delmar F. Measuring growth: Methodological considerations and empirical results [A] //R. Donckels & A. Miettinen (Eds.), Entrepreneurship and SME Research: On its Way to the Next Millennium [M]. Aldershot, UK and Brookfield, VA: Ashgate, 1997.

[142] Dess G. G., Lumpkin G. T., McGee J. E. Linking corporate entrepreneurship to strategy, structure, and process: Suggested research directions [J]. Entrepreneurship Theory and practice, 1999, 23 (3): 85-102.

[143] Dierickx I., Cool K. An asset stock accumulation and the sustainability of competitive advantage [J]. Management Science, 1989, 35 (12): 1504-1511.

[144] Dimitratos P., Lioukas S., Carter S. The relationship between entrepreneurship and international performance: The importance of domestic environment [J]. International Business Review, 2004, 13 (1): 19-41.

[145] Dobbin F., Dowd T. J. How policy shape competition: Early railroad foundings in Massachusetts [J]. Administrative Science Quarterly, 1997, 42 (3): 501-529.

[146] Dyer J., Singh H. The relational view: Cooperative strategies and sources of inter organizational competitive advantage [J]. Academy of Management Review, 1998, 23 (4): 660-679.

[147] Edelman L. F., Brush C. G., Manolova T. S., Greene P. G. Start-up motivations and growth intentions of minority nascent entrepreneurs [J]. Journal of Small Business Management, 2010, 48 (2): 174-196.

[148] Eisenhardt K. M., Schoonhoven C. B. Resource-based view of strategic alliance formation: Strategic and social explanations in entrepreneurial firms [J]. Organization Science, 1996, 7 (2): 136-150.

[149] Entrialgo M., Fernández E., Vázquez C. J. Linking entrepreneurship and strategic management: Evidence from Spanish SMEs [J]. Technovation, 2000, 3 (20): 427-436.

[150] Fligstein N., Freeland R. Theoretical and comparative perspectives on corporate organization [J]. Annual Review of Sociology, 1995 (21): 21-43.

[151] Floyd S. W., Wooldridg B. Knowledge creation and social networks in corporate entrepreneurship: The renewal of organizational capability [J]. Entrepreneurship Theory and Practice, 1999, 23 (3): 123-143.

[152] Franklin S. J., Wright M., Lockett A. Academic and surrogate entrepreneurs in university spin-out companies [J]. Journal of Technology Transfer, 2001, 26 (1-2): 127-141.

[153] Freeman J. Venture capital as an economy of time [A] //Leenders, R., Gabbay, S. M. (Eds.), Corporate Social Capital and Liability [M]. Boston: Kluwer Academy Publishing, 1999: 460-482.

[154] Frese M., Brantjes A., Hoorn R. Psychological success factors of small-scale businesses in Namibia: The role of strategy process, entrepreneurial orientation and the environment [J]. Journal of Developmental Entrepreneurship, 2002, 7 (3): 259-282.

[155] Galasso A., Simcoe T. S. CEO overconfidence and innovation [J]. Management Science, 2011, 57 (8): 1469-1484.

[156] Gilbert B., Mc Dougall P., Audretsch D. New venture growth: A review and extension [J]. Journal of Management, 2006, 32 (6): 926-950.

[157] Giuliani E., Bell M. The Micro-determinants of Meso level Learning and Innovation: Evidence froma ChileanWine Cluster [J]. Research Policy, 2005, 34 (1): 47-68.

[158] Gompers P. A., Josh L. An analysis of compensation in the U. S. venture capital partnership [J]. Journal of Financial Economics, 1999, 51 (1): 3-44.

[159] Granovetter M. The Strength of weak ties [J]. American Journal of Sociology, 1973, 78 (6): 1360-1380.

[160] Granovtter M. Economic action and social structure: The Problem of Embeddedness [J]. American Journal of Sociology, 1995, 91 (3): 481-510.

[161] Gregorio D. D., Shane S. Why do some universities generate more start-ups than others? [J]. Research Policy, 2003, 32 (2): 209-227.

[162] Greve A., Salaff J. W. Social networks and entrepreneurship [J]. Entrepreneurship Theory and Practice, 2003, 27 (3): 1-22.

[163] Gubeli M. H., Doloreux D. An empirical study of university spin-off development [J]. European Journal of Innovation Management, 2005, 8 (3): 269-282.

[164] Gulati R. Alliances and networks [J]. Strategic Management Journal, 1998, 19 (4): 293-317.

[165] Gulati R. Does familiarity breed trust? The implication of repeated ties for contractual choice in alliance [J]. Academy of Management Journal, 1995, 38 (1): 85-112.

[166] Gulati R. Network Location and Learning: The influence of network resources and firm capabilities on alliance formation [J]. Strategic Management Journal, 1999, 20 (5): 397-420.

[167] Gulati R. Social structure and alliance formation patterns: A longitudinal analysis [J]. Administrative Science Quarterly, 1995b, 40 (4): 619-652.

[168] Hagedoorn J. Understanding the cross-level embeddedness of inter-firm partnership formation [J]. Academy of Management review, 2006, 31

(3): 570-580.

[169] Hallen B. The causes and consequences of the initial network positions of new organizations: From whom do entrepreneurs receive investments [J]. Administrative Science Quarterly, 2008, 53 (4): 685-718.

[170] Hambrick D. C., Mason P. A. Upper echelons: The organization as a reflection of its top managers [J]. Academy of Management Review, 1984, 9 (2): 193-206.

[171] Hampton A., Cooper S., McGowan P. Female entrepreneurial networks and networking activity in technology-based ventures: an exploratory study [J]. International Small Business Journal, 2009, 27 (2): 193-214.

[172] Hansen E. L. Entrepreneurial networks and new organization growth [J]. Entrepreneurship Theory and Practice, 1995, 19 (4): 7-19.

[173] Hansen M. T. The search-transfer problem: The role of weak ties in sharing knowledge across organization submits [J]. Administrative Science Quarterly, 1999, 44 (1): 82-111.

[174] Hart O. Financial contracting [J]. Journal of Economic Literature, 2001, 39 (4): 1079-1100.

[175] Hayton J. C. Promoting corporate entrepreneurship through human resource management practices: A review of empirical research [J]. Human Recourse Management Review, 2005, 15 (1): 21-41.

[176] Heider F. The psychology of interpersonal relations [M]. New York: Wiley, 1958.

[177] Herron L. A., Robinson R. B. A structural model of the effects of entrepreneurial characteristics on venture performance [J]. Journal of Business Venturing, 1993, 8 (3): 281-294.

[178] Hirshleifer D., Low A., Teah S. H. Are overconfident CEOs bet-

ter innovators? [J]. The Journal of Finance, 2012, 67 (4): 1457-1498.

[179] Hughes M., Hughes P., Morgan R. E. Exploitative learning and entrepreneurial orientation alignment in emerging young firms: Implications for market and response performance [J]. British Journal of Management, 2007, 18 (6): 359-375.

[180] Ibarra H. Homophily and differential returns: Sex differences in network structure and access in an advertising firm [J]. Administrative Science Quarterly, 1992, 37 (3): 422-447.

[181] Inderst R., Muller H. M. Venture capital contracts and market [R]. Working Paper, New York University, 2003.

[182] Inkpen A. C., Currall S. C. The nature, antecedents, and consequences of joint venture trust [J]. Journal of International Management, 1998, 4 (1): 1-20.

[183] Ireland R. D., Hitt M. A., Camp S. M., Sexton D. L. Integrating entrepreneurship and strategic management action to create firm wealth [J]. Academy of Management Executive, 2001, 15 (1): 49-63.

[184] James G. M. Organizational consultants and organizational research [J]. Journal of Applied Communication Research, 1991, 19 (1-2): 20-31.

[185] Jensen M. C., Meckling W. H. Theory of the firm: Managerial behavior, agency costs and ownership structure [J]. Journal of Financial Economics, 1976, 3 (4): 305-360.

[186] Johanson J., Mattsson L. G. Internationalization in industrial systems – a network approach [A] //Hood, N., Vahlne, J. E. (Eds), Strategies in Global Competition [M]. Croom Helm, London, 1988.

[187] Kaiser D. G., Lauterbach R., Verweyen J. K. Venture Capital Financing from the Entrepreneur's Perspective [J]. International Journal of En-

trepreneurship and Innovation, 2007, 8 (3): 199-207.

[188] Keasey K., Watson R. The State of the art of small firm prediction: Achievements and prognosis [J]. International Small Business Journal, 1991, 9 (4): 11-29.

[189] Keats B. W., Bracket J. S. Toward a theory of small firm performance: A Conceptual Model [J]. American Journal of Small Business, 1988, 12 (4): 41-58.

[190] Kickul J., Gundry L. K., Barbosa S. D., Whitcanack L. Intuition versus analysis? Testing differential models of cognitive style on entrepreneurial self-Efficacy and the new venture creation process [J]. Entrepreneurship Theory and Practice, 2009, 33 (2): 439-453.

[191] Kirchhoff B. A. Organization effectiveness measurement and policy research [J]. Academy of Management Review, 1997, 2 (3): 347-355.

[192] Knight G. Entrepreneurship and marketing strategy: The SME under globalization [J]. Journal of International Marketing, 2000, 8 (2): 12-32.

[193] Krackhardt D. The strength of strong ties: The importance of philos in organizations [A] //N. Nohria & R. Eccles (Eds.) Networks and Organizations: Structure, form, and action [M]. Boston: Harvard Business School Press, 1992: 216-239.

[194] Krauss S. I., Frese M., Friedrich C., Unger J. M. Entrepreneurial orientation: A psychological model of success among Southern African small business owners [J]. European Journal of Work and Organizational Psychology, 2005, 14 (3): 315-344.

[195] Kreiser R. M., Marino L. D., Weaver K. M. Assessing the psychometric properties of the entrepreneurial orientation scale: A multi-country

analysis [J]. Entrepreneurship Theory and Practice, 2002, 26 (4): 71-92.

[196] Kroll H., Liefner I. Spin-off enterprises as a means of technology commercialisation in a transforming economy-Evidence from three universities in China [J]. Technovation, 2008, 28 (5): 298-313.

[197] Krueger N. F., Brazeal D. V. Entrepreneurial potential and potential entrepreneurs [J]. Entrepreneurship Theory and Practice, 1994, 18 (3): 91-104.

[198] Krueger N. F., Reilly M. D., Carsrud A. L. Entrepreneurial intentions: A competing models approach [J]. Journal of Business Venturing, 2000, 15 (5-6): 411-432.

[199] Krueger N. Jr., Dickson P. R. How believing in ourselves increases risk taking: Perceived self-efficacy and opportunity recognition [J]. Decision Sciences, 1994, 25 (3): 385-400.

[200] Krueger N. The impact of prior entrepreneurial exposure on perceptions of new venture feasibility and desirability [J]. Entrepreneurship Theory and Practice, 1993, 18 (1): 5-21.

[201] Kumara U. A., Koichi F. Employee satisfaction and job climate: An empirical study of Japanese manufacturing employees [J]. Journal Business and Psychology, 1989, 3 (3): 315-329.

[202] Lacetera N. Academic entrepreneurship [J]. Managerial and Decision Economics, 2009, 30 (7): 443-464.

[203] Lado A. A., Wilson M. C. Human resource systems and sustained competitive advantage: A competency based perspective [J]. Academy of Management Review, 1994, 19 (4): 699-727.

[204] Landry E., Amara N., Rherrand I. Why are some university researchers more likely to create spin-offs than others? Evidence from Canadian

universities [J]. Research Policy, 2006, 35 (10): 1599-1615.

[205] Lee C., Lee K., Pennings J. M. Internal capabilities, external networks, and performance: A study on technology-based ventures [J]. Strategic Management Journal, 2001, 22 (6-7): 615-640.

[206] Lee S. M., Peterson S. J. Culture, entrepreneurial orientation, and global competitiveness [J]. Journal of World Business, 2000, 35 (4): 401-416.

[207] Levinthal D. A., March J. G. The myopia of learning [J]. Strategic Management Journal, 1993, 14 (8): 95-112.

[208] Lewin K., Lippitt R., White R. K. Patterns of aggressive behavior in experimentally created social climates [J]. Journal of Social Psychology, 1939, 10 (2): 271-300.

[209] Lin J. L., Fang S. C., Fang S. R., Tsai F. S. Network embeddedness and technology transfer performance in R&D consortia in Taiwan [J]. Technovation, 2009, 29 (11): 763-774.

[210] Locke E. A. Toward a theory of task motivation and incentives [J]. Organizational Behavior and Human Performance, 1968, 3 (2): 157-189.

[211] Lumpkin G. T., Dess G. G. Clarifying the entrepreneurial orientation construct and linking it to performance [J]. Academy of Management Review, 1996, 21 (1): 135-172.

[212] Lumpkin G. T., Dess G. G. Linking two dimensions of entrepreneurial orientation to firm performance: The moderating role of environment and industry cycle [J]. Journal of Business Venturing, 2001, 16 (5): 429-451.

[213] Lyon D. W., Lumpkin G. T., Dess G. G. Enhancing entrepreneurial orientation research: Operationalising and measuring a key strategic decision

making process [J]. Journal of Management, 2000, 26 (5): 1055-1085.

[214] Mahoney J. T. , Pandian J. R. The resource-based view within the conversation of strategic management [J]. Strategic Management Journal, 1992, 13 (5): 363-380.

[215] Manev I. M. , Gyoshev B. S. , Manolova T. S. The role of human and social capital and entrepreneurial orientation for small business performance in a transitional economy [J]. International Journal of Entrepreneurship and Innovation Management, 2005, 5 (3-4): 298-318.

[216] Marphy G. B. , Trailer J. W. , Hill R. C. Measuring performance in entrepreneurship research [J]. Journal of Business Venturing, 1996, 36 (1): 16-17.

[217] Mayer R. C. , Davis J. H. , Schoorman F. D. An integrative model of organizational trust [J]. Academy of Management Review, 1995, 20 (3): 709-734.

[218] Mazzonis D. Networking cooperation and innovation among small firms in Italy: The view from an agency engaged in actions for stimulating the technological upgrading of industry [J]. Entrepreneurship & Regional Development, 1989, 1 (1): 61-74.

[219] McClelland D. C. The achieving society [M]. Princeton, NJ: Van Nostrand Reinhold, 1961.

[220] McDougall P. P. , Covin J. G. , Robinson R. B. Jr. , Herron L. The effects of industry growth and strategic breadth on new venture performance and strategy [J]. Strategic Management Journal, 1994, 15 (7): 537-554.

[221] McEvily B. , Marcu A. Embedded ties and the acquisition of competitive capabilities [J]. Strategic Management Journal, 2005, 26 (11): 1033-1055.

[222] Meyer M. Academic entrepreneurs or entrepreneurial academics? Research based ventures and public support mechanisms [J]. R&D Management, 2003, 33 (2): 107-115.

[223] Miles R. E., Snow C. C. Fit, failure, and the hall of fame [J]. California Management Review, 1984, 26 (3): 10-28.

[224] Miller D., Friesen P. H. Archetypes of strategy formulation [J]. Management Science, 1978, 24 (9): 921-933.

[225] Miller D., Friesen P. H. Innovation in conservative and entrepreneurial firms: Two models of strategic momentum [J]. Strategic Management Journal, 1982, 17 (3): 1-25.

[226] Miller D., Friesen P. H. Strategy-making and environment: The Third Link [J]. Strategic Management Journal, 1983, 4 (3): 221-235.

[227] Miller D. An asymmetry-based view of advantage: Towards an attainable sustainability [J]. Strategic Management Journal, 2003, 24 (10): 961-976.

[228] Miller D. The correlates of entrepreneurship in three types of firms [J]. Management Science, 1983, 29 (7): 770-791.

[229] Mitchell R. K., Busenitz L., Lant T. Toward a theory of entrepreneurial cognition rethinking the people side of entrepreneurship research [J]. Entrepreneurship Theory and Practice, 2002, 27 (2): 93-104.

[230] Mitchell R. K., Busenitz L. W., Bird B. The central question entrepreneurial cognition research [J]. Entrepreneurship Theory and Practice, 2007, 31 (1): 1-27.

[231] Mosey S., Wright M. From human capital to social capital: A longitudinal study of technology-based academic entrepreneurs [J]. Entrepreneurship Theory and Practice, 2007, 31 (6): 903-935.

[232] Nahapiet J., Ghoshal S. Social capital, intellectual capital, and the organizational advantage [J]. Academy of Management Review, 1998, 23 (2): 242-266.

[233] Naman J. L., Slevin D. P. Entrepreneurship and the concept of fit: A model and empirical tests [J]. Strategic Management Journal, 1993, 14 (2): 137-153.

[234] Nandy A. Entrepreneurical cultures and entrepreneurial men [J]. Economic and Political Weekly, 1973, 8 (47): 98-106.

[235] Ndonzuau F. N., Pirnay F., Surlemont B. A stage model of academic spin-off creation [J]. Technovation, 2002, 22 (5): 281-289.

[236] O'Hagan S., Green M. B. Corporate knowledge transfer via interlocking directorates: A network analysis approach [J]. Geoforum, 2004, 35 (1): 127-139.

[237] Olson J. M., Roese N. J., Zanna M. P. Expectancies [A] //E. T. Higgins & A. W. Kruglanski (Eds.), Social psychology: Handbook of basic principles [M]. New York: Guilford, 1996: 211-238.

[238] Owen-Smith J., Powell W. W. Knowledge networks as channels and conduits: The effects of spillovers in the boston biotechnology community [J]. Organization Science, 2004, 15 (1): 5-21.

[239] Payne G. T., Justin L., Davis J. L., Moore C. B., Bell R. G. The deal structuring stage of the venture capitalist decision-making process: Exploring confidence and control [J]. Journal of Small Business Management, 2009, 47 (2): 154-179.

[240] Penrose E. T. The theory of growth of the firm [M]. New York: Oxford University Press, 1959.

[241] Pfeffer J., Salancik G. R. The external control of organization: A

resource dependence perspective [M]. New York: Harper & Row Publishers, 1978.

[242] Portes A., Sensenbrenner J. Embeddedness and immigration: Notes on the social determinants of economic action [J]. American Journal of Sociology, 1993, 98 (6): 1320-1350.

[243] Powell W. W., Koput K. W., Smith D. L. Interorganizational collaboration and the locus of innovation: Networks of learning in biotechnology [J]. Administrative Science Quarterly, 1996, 41 (1): 116-145.

[244] Rauch A., Wiklund J., Frese M., Lumpkin T. G. Entrepreneurial orientation and business performance: Cumulative empirical evidence [A] // W. D. Bygrave, C. G. Brush, M. L. P Davidsson, G. D. Meyer, J. Fiet, J. Sohl, P. G. Greene, A. Zacharakis, & R. T. Harrison (Eds.), Frontiers of entrepreneurship research [M]. Wellesley, MA: Babson College, 2004.

[245] Rauch A., Wiklund J., Lumpkin T. G., Frese M. Entrepreneurial orientation and business performance: An assessment of past research and suggestions for the future [J]. Entrepreneurship Theory and Practice, 2009, 33 (3): 761-781.

[246] Richardson G. B. Adam smith on competition and increasing returns [A] //Skinner, A. S., Wilson, T. (Eds), Essays on Adam Smith [M]. Gloucestershire: Clarendon Press, 1975.

[247] Rindfleisch A., Moorman C. The acquisition and utilization of information in new product alliances: A strength-of-ties perspective [J]. Journal of Marketing, 2001, 65 (2): 1-18.

[248] Robertson I. T., Iles P. A., Gratton L., Sharpley D. The psychological impact of personality selection method on candidates [J]. Human Relations, 1991 (44): 963-982.

[249] Robichaud Y., Egbert M., Roger A. Toward the development of a measuring instrument for entrepreneurial motivation [J]. Journal of Developmental Entrepreneurship, 2001, 6 (2): 189-201.

[250] Romanelli E. New venture strategies in the minicomputer industry [J]. California Management Review, 1987, 30 (1): 160-175.

[251] Rowley T., Behrens D., Krackhardt D. Redundant governance structures: Ananalysis of structural and relational embeddedness in the steel and semiconductor industries [J]. Strategic Management Journal, 2000, 21 (3): 369-386.

[252] Schollhammer H. Internal corporate entrepreneurship [A] //C. Kent, D. Sexton and K. Vesper (Eds.), Encyclopaedia of entrepreneurship [M]. Prentice Hall, Englewood Clipp, NJ, 1982.

[253] Shane S. Encouraging university entrepreneurship? The effect of the Bayh-Dole act on university patenting in the United States [J]. Journal of Business Venturing, 2004, 19 (1): 127-151.

[254] Shane S. Technology regimes and firm formation [J]. Management Science, 2001, 47 (9): 1173-1190.

[255] Shane S. University technology transfer to entrepreneurial companies [J]. Journal of Business Venturing, 2002, 17 (6): 537-552.

[256] Shapero A., Sokol L. The social dimensions of entrepreneurship [A] //C. Kent, D. Sexton and K. Vesper, (Eds.), Encyclopaedia of entrepreneurship [M]. Englewood Cliffs, NJ: Prentice Hall, 1982: 72-90.

[257] Shaver K. G., Gartner W. B., Crosby E., Bakalarova K., Gatewood E. J. Attributions about entrepreneurship: A framework and process for analyzing reasons for starting a business [J]. Entrepreneurship Theory and Practice, 2001, 26 (2): 5-32.

[258] Siegel D. S., Waldman D. A., Atwater L. E., Link A. N. Toward a model of the effective transfer of scientific knowledge from academicians to practitioners: Qualitative evidence from the commercialization of university technologies [J]. Journal of Engineering and Technology Management, 2004, 21 (1-2): 115-142.

[259] Sirmon D. G, Hitt M. A., Ireland R. D. Managing firm resources in dynamic environments to create value looking inside the black box [J]. The Academy of Management Review, 2007, 32 (1): 273-292.

[260] Smart D. T., Conant J. S. Entrepreneurial orientation, distinctive marketing competencies and organizational performance [J]. Journal of Applied Business Research, 1994, 10 (3): 28-38.

[261] Stam W., Elfring T. Entrepreneurial orientation and new venture performance: The mediating effect of network strategies [C]. Academy of Management 2006 Best Paper Proceedings. August 11-16, 2006, Atlanta, GA, ISSN: 1543-8643; K1-K6.

[262] Steffensen M., Rogers E. M., Speakman K. Spin-offs from research centers at a research university [J]. Journal of Business Venturing, 1999, 15 (1): 93-111.

[263] Stewart W. H., Warren E., Watson W. E., Carland J. C., Carland J. W. A proclivity for entrepreneurship: A comparison of entrepreneurs, small business owners, and corporate managers [J]. Journal of Business Venturing, 1998, 14 (2): 189-214.

[264] Stuart R., Abetti P. A. Impact of entrepreneurial and management experience on early performance [J]. Journal of Business Venturing, 1990, 5 (3): 151-162.

[265] Tang G., Chen Y., Jin J. Entrepreneurial orientation and innova-

tion performance: Roles of strategic HRM and technical turbulence [J]. Asia Pacific Journal of Human Resources, 2015, 53 (2): 163-184.

[266] Teece D. J. , Pisano G. , Shuen A. Dynamic capabilities and strategic management [J]. Strategic Management Journal, 1997, 18 (7): 509-533.

[267] Teece D. J. Foreign Investment and technological development in silicon valley [J]. California Management Review, 1992, 34 (2): 88-106.

[268] Todeva E. Analysis of business network dynamics, enterprise and strategy [C]. Paper presented at the 6th Annual Organization Science Winter Conference, Keystone, Colorado, US, 2000: 9-13.

[269] Tolman E. C. Purposive behavior in animals and men [J]. Psychological Clinic, 1932, 21 (1): 64-66.

[270] Tsai W. , Ghoshal S. Social capital and value creation: An empirical study of intra-firm networks [J]. Academy of Management Journal, 1998, 41 (4): 464-474.

[271] Uzzi B. D. Social structure and competition in interfirm network: The paradox of embeddedness [J]. Administrative Science Quarterly, 1997, 42 (1): 35-67.

[272] Uzzi B. The sources and consequences of embeddedness for the economic performance of organizations: The network effect [J]. American Sociological Review, 1996, 61 (4): 674-698.

[273] Venkataraman S. V. The distinctive domain of entrepreneurship research: An editor's perspective [J]. Advances in Entrepreneurship, 1997 (3): 119-138.

[274] Vroom V. H. Work and motivation [M]. New York: Wiley, 1964: 331.

[275] Walter A., Auer M., Ritter I. The impact of network capabilities and entrepreneurial orientation on university spin-off performance [J]. Journal of Business Venturing, 2006, 21 (4): 541-567.

[276] Wang S. S., Zhou H. L. Staged financing in venture capital: Moral hazard and risks [J]. Journal of Corporate Finance, 2004, 10 (1): 131-155.

[277] Wayne H., Stewart J. R., Philip L. R. A meta-analysis of achievement motivation differences between entrepreneurs and managers [J]. Journal of Small Business Management, 2007, 45 (4): 401-421.

[278] Wernerfelt B. The resource-based view of the firm: Ten years after [J]. Strategic Management Journal, 1995, 16 (3): 171-174.

[279] Wernerfelt B. The resource-based view of the firm [J]. Strategic Management Journal, 1984, 5 (2): 171-180.

[280] West P., Noel T. W. New venture strategy and performance: The role of knowledge relatedness [J]. Journal of Small Business Management, 2009, 47 (1): 1-22.

[281] Wiklund J., Shepherd D. Entrepreneurial orientation and small business performance: A configurational approach [J]. Journal of Business Venturing, 2005, 20 (1): 71-91.

[282] Wiklund J., Shepherd D. Knowledge-based resource, entrepreneurial orientation, and the performance of small and medium-sized business [J]. Strategic Management Journal, 2003, 24 (3): 1289-1306.

[283] Wiklund J. The sustainability of the entrepreneurial orientation-performance relationship [J]. Entrepreneurship Theory and Practice, 1999, 24 (1): 37-48.

[284] Zahra S. A., Covin J. G. Contextual influences on the corporate

entrepreneurship-performance relationship: A longitudinal analysis [J]. Journal of Business Venturing, 1995, 10 (3): 43-58.

[285] Zahra S. A., Garvis D. International corporate entrepreneurship and firm performance: The moderating effect of international environmental hostility [J]. Journal of Business Venturing, 2000, 5 (6): 469-492.

[286] Zahra S. A., Nielsen A. P., Bogner W. C. Corporate entrepreneurship, knowledge and competence development [J]. Entrepreneurship Theory and Practice, 1999, 23 (3): 169-189.

[287] Zahra S. A. Predictors and financial outcomes of corporate entrepreneurship: An explorative study [J]. Journal of Business Venturing, 1991, 6 (4): 259-285.

[288] Zhao H., Seibert C., Hills C. The mediating role of self-efficacy in the development of entrepreneurial intentions [J]. Journal of Applied Psychology, 2005, 90 (2): 1265-1272.

[289] Zucker L., Darby M. R., Armstrong J. S. Commercializing knowledge: University science, knowledge capture, and firm performance in biotechnology [J]. Management Science, 2002, 48 (1): 138-153.

[290] Zucker L. G., Darby M. R., Armstrong J. Geographically localized knowledge: Spillovers or markets? [J]. Economic Inquiry, 1998, 36 (1): 65-86.

[291] Zukin S., DiMaggio P. Structures of capital: The social organization of economy [M]. Cambridge, MA: Cambridge University Press, 1990.